# Die Schockstrategie geht weiter

## Zu Behauptungen, die die Lockdown-Politik rechtfertigen

### Zweite Streitschrift zur Sache



1. Auflage, März 2021

Autorenkollektiv:
Reinhard Frankl
Rainer Roth
Tobias Weißert
Herausgeber:
KLARtext e.V.
www.info-klartext.de
und
Rhein-Main-Bündnis gegen Sozialabbau und Billiglöhne

ISBN 978-3-932246-54-8

DVS Digitaler Vervielfältigungs-
und Verlags-Service Frankfurt (M.)
Printed in Germany

**Das Autorenkollektiv:**

*Reinhard Frankl,* *Aschaffenburg, Grund- und Hauptschullehrer i. R., langjähriger GEW-Aktivist und -Funktionär auf Kreis-, Bezirks-, Landes- und Bundesebene (AG Bildungsfinanzierung) sowie als Mitglied im örtlichen und im Bezirks-Personalrat, Attac-Aktivist vor Ort und in der Bundes-AG „Globalisierung und Krieg", Aktivist im regionalen Bündnis gegen Rechts; Vorstandsmitglied von KLARtext e.V.*

*Rainer Roth,* *Bad Vilbel, ehemals Professor für Sozialwissenschaften an der Fachhochschule Frankfurt, Vorsitzender von KLARtext e.V., Mitarbeit im Rhein-Main-Bündnis gegen Sozialabbau und Billiglöhne, seit vielen Jahren aktiv für die Interessen von Lohnabhängigen, ob beschäftigt, arbeitslos oder arm.*

*Tobias Weißert,* *Lehrer und Ausbilder in der Erwachsenenbildung; über 50 Jahre politisch aktiv. Langjähriger Betriebsratsvorsitzender und gewerkschaftlicher Vertrauensmann. Mitarbeit im Rhein-Main-Bündnis gegen Sozialabbau und Billiglöhne und bei KLARtext e.V.*

**Anmerkungen:**

Die Autoren verwenden oft die gängige männliche Sprachform bei personenbezogenen Substantiven und Pronomen. Sie bitten, das zu entschuldigen. Es soll der sprachlichen Vereinfachung und der flüssigeren Lesbarkeit dienen.

Alle referierten Hyperlinks wurden, soweit nicht anders in Klammern vermerkt, zuletzt am 20.03.2021 abgerufen.
Eine Liste aller Fußnoten sowie anklickbaren Links ist herunterzuladen unter https://klartext-info.de/wp-content/uploads/2021/03/Schockstragie20210321_fußnotenlinks.pdf

## Inhaltsverzeichnis

# 1 Vorbemerkungen: Schockstrategie statt Aufklärung

Das ganze Leben dreht sich seit März 2020 um ein Coronavirus namens SARS-CoV-2. Die Infizierung durch das Virus zu verhindern und es sogar zu eliminieren, hat Vorrang vor allem. Die Bereitschaft der Bevölkerung, sich dem zu fügen, wird durch Angst massiv gefördert, bis jetzt noch überwiegend erfolgreich. Die Angst wird von Regierenden, Medien und Experten mit dem Hinweis auf mögliche Bedrohungen geschürt, auch mit Bedrohungen, die keiner Überprüfung standhalten. Es ist dringend notwendig, die Gefahren nüchtern einzuschätzen, um sich selbst und andere vor Panik zu schützen. Panik schadet der Gesundheit und schwächt das Immunsystem, das wir zur Abwehr von Infektionen dringend brauchen. Die Gefahren durch SARS-CoV-2 nüchtern zu beurteilen, kann auch davor bewahren, gravierenden Einschränkungen bürgerlicher Freiheiten und umfassender Überwachung zuzustimmen, die als Maßnahmen zum Schutz des Lebens ausgegeben werden.

In dieser Broschüre analysieren wir zentrale Behauptungen, mit denen die Notwendigkeit von Lockdowns und massiven Freiheitseinschränkungen begründet werden. Wir stellen zahlreiche Übertreibungen, Halbwahrheiten und Desinformationen, also Fake News bei den offiziellen und medial verstärkten Rechtfertigungen fest, die mit maßlosen Verleumdungen und offener Unterdrückung von Kritik abgesichert werden

Laut Bundeszentrale für politische Bildung[1] sind Fake News

- Nachrichten, die einem bestimmten Thema übertriebene Aufmerksamkeit widmen. Nicht das Thema an sich, sondern die vermeintliche Relevanz ist ein "Fake", d.h. eine Fälschung.
- Propaganda, die wahre und falsche Informationen vermischt, um die eigene Position zu stärken und andere zu schwächen und
- Desinformation, die in erfundenen, als Nachrichten getarnten Geschichten besteht.

### Schockstragie, um Panik zu erzeugen

Die Große Koalition aus den in Bund und Ländern regierenden Parteien CDU, CSU, SPD, Grünen und Linkspartei folgt bis heute im Wesentlichen dem Strategiepapier, das ein Expertenteam im Auftrag und in enger Zusammenarbeit mit dem Bundesinnenministerium unter Seehofer (CSU) im März 2020 vor dem ersten Lockdowns erarbeitet hat.[2] „Wie wir COVID-19 unter Kontrolle bekommen" heißt das Papier. Es ist auf der Website des Innenministeriums zu finden.[3] Das

1 https://www.bpb.de/252386/was-sind-fake-news vom 12.7.2017

2 https://www.welt.de/politik/deutschland/article225864597/Interner-E-Mail-Verkehr-Innenministerium-spannte-Wissenschaftler-ein.html vom 7.2.2021

3 https://www.bmi.bund.de/SharedDocs/downloads/DE/veroeffentlichungen/2020/corona/szenarienpapier-covid19.html

Expertenteam bestand aus Experten vom Robert-Koch-Institut, dem Institut der deutschen Wirtschaft (IW), das vom Bundesverband der Industrie (BDI) und der Bundesvereinigung der Arbeitgeberverbände (BDA) finanziert wird, dem vom Bund und Land NRW finanzierten Rheinisch-Westfälischen Wirtschaftsinstitut RWI, der Stiftung Wissenschaft und Politik, dessen stellvertretender Stiftungsratspräsident Kanzleramtsminister Helge Braun ist und von den Universitäten Bonn, Lausanne und Kassel.

Im Zentrum des Interesses stand der *„Worst Case"*, also der schlimmste Fall, mit dem in der Pandemie gerechnet werden könne. *„Wer Gefahren abwenden will, muss sie kennen,"* erklärten die Experten. Sie gaben also vor, die Natur des Virus zu kennen. Dass vor dem ersten Lockdown niemand etwas wusste, ist eine nachträgliche Schutzbehauptung. Die Wissenschaftler behaupteten, dass das Virus sich von Natur aus exponentiell vermehrt. Wenn es keine Gegenmaßnahmen gibt, z. B. einen Lockdown, wäre es fähig, sich in drei, später sechs und schließlich in neun Tagen zu verdoppeln (vgl. 3.8) und bis zum 27. April 57,4 Millionen Menschen angesteckt zu haben. Da zwei Prozent der Infizierten sterben würden, gäbe es etwa 1,2 Millionen Tote.

Die Panik-Strategen rieten der Regierung, diesen schlimmsten Fall *„unmissverständlich ... zu verdeutlichen"*. *„Um die gewünschte Schockwirkung zu erzielen, müssen die konkreten Auswirkungen einer Durchseuchung ... verdeutlicht werden".* Durchseuchung meint, die Infizierung eines Großteils der Bevölkerung ohne Gegenmaßnahmen zuzulassen.

- Die Experten schlugen zur Verdeutlichung Berichte über den *„qualvollen"* Tod von Vater oder Mutter vor, die zu Hause von ihren Kindern angesteckt wurden. *„Wenn sie* (die Kinder) *das Gefühl haben, Schuld daran zu sein, weil sie z. B. vergessen haben, sich nach dem Spielen die Hände zu waschen, ist es das Schrecklichste, was ein Kind je erleben kann."*[4]
- Die Experten empfahlen, die Urangst vor dem Erstickungstod zu wecken. *„Viele Schwerkranke werden von ihren Angehörigen ins Krankenhaus gebracht, aber abgewiesen, und sterben qualvoll um Luft ringend zu Hause. Das Ersticken oder nicht genug Luft kriegen, ist für jeden Menschen eine Urangst."* Die Triage soll beschworen werden, d. h. die schreckliche Wahl, wen Ärzte wegen Überlastung der Krankenhäuser sterben lassen und wen nicht.
- Die Experten empfahlen ferner, von schweren tödlichen Rückfällen von bereits Genesenen zu berichten, die angeblich *„jederzeit"* möglich seien. Solche *„Einzelfälle"* *„werden ständig wie ein Damoklesschwert über denjenigen schweben, die einmal infiziert waren."*

Der Verweis, die *„mathematische Formel 2019 = 1919+1929"* zu propagieren, fehlte nicht, d. h. der Verweis auf Sars-CoV-2 als Summe von Spanischer Grippe

4 ebd. S.13

und Weltwirtschaftskrise, als Summe von Millionen Grippetoten und Millionen Arbeitslosen.
Die Marketingexperten für den Covid-19-*Worst Case* stellten SARS-CoV-2 als unglaublichen Killervirus hin. Sie malten das Schreckensbild an die Wand, dass ohne Lockdown bis zum 27. April 2020 zusätzlich 21.428 Tote pro Tag (!!) durch das Virus den Tod finden könnten. Das war etwa die achtfache Zahl der tatsächlich im Schnitt rund 2.600 Todesfälle pro Tag. „Die Bilder aus Italien sind verstörend", schrieben sie. Und verstören wollten auch sie. Es kam nicht zu dieser unfassbaren Todeswelle durch das „Killervirus". Sollten die regierenden Parteien in Bund und Ländern mit ihrem Lockdown in diesen zwei Monaten etwa über einer Million Menschen das Leben gerettet haben?
Aber, so das nächste Szenario, nach dem 16.3. könnten sich trotz einer massiven Reduzierung physischer Kontakte durch einen Lockdown selbst bei guter Krankenhausversorgung immer noch 17,4 Millionen Menschen anstecken. Deswegen könnten bis Mitte Juni 222.000 Menschen an Covid-19 sterben (BMI 2020, 4-6), also zusätzlich 1.072 Menschen pro Tag oder rund 70.000 Tote pro Monat mehr. Wenn man eine Schockwirkung wünscht, muss man Rechengrößen finden, mit denen Schocks erzeugt werden können. Tatsächlich starben bis Ende Juni 8.700 Menschen „an oder mit Corona", nicht 220.000. Auch dieses nicht eingetroffene Panik-Szenario lohnte sich. Merkel, Spahn, Söder, Kretzschmann usw. haben die Rettung von über 200.000 Menschenleben durch ihren Lockdown gefeiert. Ob zurecht, überlassen wir hier dem geneigten Leser.
Spekulativ errechnete Infektionen und Tote sind Fake News, zu Deutsch: gefälschte Nachrichten, verdrehte Fakten oder Falschmeldungen. Nach einer Selbstkritik der Beteiligten sucht man bis heute vergebens. Dass SARS-CoV-2 ein Killervirus sei, wird auch von selbst ernannten Faktencheckern nie kritisiert. Aber wer „leugnet", dass SARS-CoV-2 ein Killervirus ist, gilt als Corona-"Leugner" oder „Covidiot" (Esken, Kovorsitzende der SPD). Mit Halbwahrheiten und Spekulationen über mögliche Katastrophen Angst und Panik zu erzeugen, diese Praxis bleibt in der „Corona-Krise" vorherrschend. Was für die Drostens, Lauterbachs und Söders gilt, trifft auch auf die Öffentlich-Rechtlichen und viele andere Medien zu: *„Angstmache war und ist Programm."*[5]
Prof. Stefan N. Willich, Direktor des Instituts für Sozialmedizin der Charité Berlin drückt sich noch deutlicher aus: *„In der Corona-Pandemie hat ein autoritärer Duktus mit martialischer Wortwahl, Dramatisierung, Maßregelungen und vielfältigen Drohgebärden von Anfang an zu einer massiven Verängstigung und Verunsicherung der Bevölkerung geführt."* Er beklagt eine *„Kombination mit grotesker Übertreibung (manchmal schien ein Schockeffekt durch eine an prognostizierte Infektions- und Todeszahlen angehängte Null geradezu beab-*

5 Franziska Augstein, Fortgeworfen vom Staat, SPIEGEL 9.1.2021

*sichtigt) und notorischen fachlichen Fehlern, beispielsweise dem sogenannten ‚Inzidenzwert'* ... (FAZ 10.3.2021).

Soweit wir können, versuchen wir im Folgenden dem im Sinne des BMI-Strategiepapiers kunstvoll erzeugten Schockzustand entgegenzuwirken.

Wir konnten das komplexe Thema natürlich nicht umfassend behandeln und haben uns an vielen Stellen Ausführungen gespart, die in den dazugehörigen Referenzen nachzulesen sind. Zum tieferen Verständnis lohnt es sich also, die Inhalte der Quellen in den Hinweisen (Fußnoten und Klammern) mit zu beachten.

# 2 Behauptungen zur Lage der Pflegeheime und Kliniken

## 2.1 „Der Schutz vulnerabler Gruppen ist ein Kernanliegen der Politik.“[6]

### 2.1.1 Die übergroße Mehrheit der mit oder an SARS-CoV-2 Verstorbenen sind Pflegebedürftige.

Diejenigen, die uns mit dem *Worst Case* von Hunderttausenden Toten schocken, stellen keinerlei Untersuchungen an, welche Pflegebedürftigen wie und wo mit oder an SARS-CoV-2 tatsächlich gestorben sind. Ihre Todeszahlen beruhen auf mathematischen Modellen. Das Wörtchen „könnte“ – sprich der Konjunktiv – steht im Mittelpunkt ihres Denkens, nicht die Wörtchen „Was ist?“ – sprich der Indikativ bzw. der Fakt.

Eine Befragung der Uni Bremen von 824 Pflegeheimen und 800 Pflegediensten und teilstationären Einrichtungen stellte unter Leitung von Karin Wolf-Ostermann und Heinz Rothgang Anfang Mai 2020 fest, dass mehr als 60 Prozent der mit oder an SARS-CoV-2 Verstorbenen Pflegebedürftige waren, die stationär oder ambulant betreut wurden.[7] 49 Prozent der Todesfälle entfielen auf Pflegebedürftige in Pflegeheimen (vgl. auch Frankl/Roth/Weißert, Frankfurt(M.) 2020, 32 ff) und zwölf Prozent auf ambulant betreute Pflegebedürftige. Die Todesfälle von Pflegebedürftigen in ambulanter Pflege stoßen bis heute bei denen, die sich angeblich dem Schutz „vulnerabler Gruppen“ verschreiben, auf vollständiges Desinteresse.

Das RKI kumuliert in seinen Lageberichten täglich die Zahl der mit oder an SARS-CoV-2 in Heimen Verstorbenen. Es wirft dabei die Zahl der Toten in Alten- und Pflegeheimen mit denen in Asylbewerberunterkünften, sonstigen Massenunterkünften, Gefängnissen und Obdachlosenheimen in einen Topf. Das RKI nennt nur *„Mindestangaben“*. *„Viele“* Einrichtungen machten keine Angaben. Wie viele, wird seit November 2020 nicht mehr bekannt gegeben. Hilfsweise unterstellen wir, dass die Zahl der Todesfälle in allen Einrichtungen der Zahl der Todesfälle in Pflegeheimen entspricht und dass - wie im November der Fall - die Hälfte der Einrichtungen Todesfälle mit oder an SARS-CoV-2 nicht gemeldet hat. Danach gab es am 28.02.2021 also 20.089 gemeldete Todesfälle und einschließlich der nicht gemeldeten insgesamt 40.178 Todesfälle in Pflegeheimen. Das wären 57 Prozent der am diesem Tag gemeldeten 70.045 in Zusammenhang mit SARS-CoV-2 Verstorbenen.[8] Nach Medienberichten sollen sogar bis zu zwei Drittel der mit der Diagnose Covid-19 verstorbenen Personen auf Alten- und

6 www.bundesregierung.de/breg-de/aktuelles/videoschaltkonferenz-der-bundeskanzlerin-mit-den-regierungschefinnen-und-regierungschefs-der-laender-am-25-november-2020-1820110

7 www.uni-bremen.de/fileadmin/user_upload/fachbereiche/fb11/Aktuelles/Corona/Ergebnisbericht_Coronabefragung_Uni-Bremen_24062020.pdf

Pflegeheime entfallen.[9] Mehr noch: „*Schätzungen gehen davon aus, dass bis zu drei Viertel aller Covid-19-Toten in Deutschland in Pflege- und Altenheimen verstorben sind.*“[10] Gestorbene Pflegebedürftige in ambulanter Pflege sind nicht mitgezählt.

Wenn „Corona-Todesfälle“ bei ambulanter Pflege 25 Prozent der Fälle in Heimen betragen, wie die Bremer Studie herausfand, kämen wir auf weitere 14 Prozent (25 von 57 Prozent), zusammen auf rund 70 Prozent wie in Schweden (vgl. 2.4). Der Schutz vulnerabler Gruppen ist keineswegs ein „Kernanliegen“, es ist eine Falschmeldung. Pflegebedürftige sind „*in der Corona-Politik auf eine Weise vernachlässigt worden, die gruseln lässt*“ (FAZ 23.1.2021).

### 2.1.2 Besondere Gefährdung von Pflegebedürftigen macht besonderen Schutz notwendig

Es steht fest, dass „*ein Großteil der Bewohner* (von Pflegeheimen) *nicht mehr dazu fähig ist, alltägliche Verrichtungen durchzuführen. ... Einschränkungen beim Gehen bis hin zur totalen Bettlägerigkeit sind die Folge. Beim Essen, Duschen, An- und Auskleiden und beim Toilettengang sind sie auf Hilfe angewiesen*“ (SVR Gesundheit 2014, 294). Das gleiche gilt für viele ambulant betreute Pflegebedürftige. Abstand bei Kontakten zu halten, ist nicht möglich, Pflege erfordert engen körperlichen Kontakt. Es kommt also selbst bei strenger Einhaltung aller Vorschriften zu Infektionsfällen. Weil das Pflegepersonal oft chronisch überlastet ist, FFP2-Masken die Arbeit erschweren, testen nur mit Schutzausrüstung möglich ist, können notwendige Pausen oft nicht eingehalten werden. Auch die Hygiene wird nicht immer beachtet. Viele HeimbewohnerInnen sind dement. Sie sind nicht in der Lage, sich an Hygiene- und Abstandsregeln zu halten oder Masken aufzusetzen. Ihre Immunabwehr ist in der Regel geschwächt. Sie leiden häufig an mehreren schweren Erkrankungen, sind also anfälliger für Infektionen. Unter all diesen Umständen ist die Gefahr hoch, dass sich SARS-CoV-2 unter BewohnerInnen und Pflegekräften ausbreitet.

Die BewohnerInnen deswegen in ihren Zimmern zu isolieren, ist bis heute auch nach Impfungen weit verbreitet. Einsamkeit beeinträchtigt den Lebenswillen und kann zum vorzeitigen Tod beitragen. Das gleiche gilt für Besuchsverbote für Angehörige und Ehrenamtliche.

---

8 Seit Mitte November 2020 wird die Zahl der Testpositiven in all diesen Einrichtungen veröffentlicht, die älter als 60 Jahre sind. Am 28.02.2021 waren es 92.862 Personen. Wir unterstellen, dass hiermit alle BewohnerInnen von Pflegeheimen erfasst sind. Wenn nur von 50 Prozent der Einrichtungen Angaben vorliegen, ist von 185.724 testpositiven HeimbewohnerInnen auszugehen. Die Sterberate der BewohnerInnen wäre also 21,6 Prozent (40.178 Todesfälle bei 185.724 Testpositiven). Prof. Wieler (RKI) ging Anfang Dezember von einer Sterberate von etwa 20 Prozent aus (FAZ 4.12.2020).

9 Pressemitteilung des Netzwerks Evidenzbasierte Medizin vom 10.12.2020

10 FAZ 16.3.2021

Entscheidend ist vor allem, das Personal systematisch zu testen. *„Nur bei knapp der Hälfte (47,3 %, n=81) der positiv getesteten Bewohner*innen und knapp zwei Dritteln (61,3 %, n=117) der positiv getesteten Mitarbeiter*innen werden für COVID-19 typische Symptome berichtet. Auch in Pflegeheimen zeigt sich damit die Bedeutung der asymptomatischen Verläufe und damit auch die Notwendigkeit häufigerer Testung. Die Testergebnisse liegen im Durchschnitt erst nach 3-4 Tagen vor. .... Dass kürzere Zeitabstände möglich sind, zeigt sich bei Mitarbeiter*innen von Heimen, die stärker betroffen sind. Hier kann eine Prioritätensetzung vermutet werden, die auf alle Heime ausgedehnt werden sollte, da diese ein Hotspot von COVID-19-Fällen mit schwerem Verlauf sind"* (Fußnote 7 S. 56-57). Sich auf den besonderen Schutz der Pflegebedürftigen in Heimen zu konzentrieren[11], ist schon seit März 2020 eine Forderung der Expertengruppe um Prof. Matthias Schrappe, einem ehemaligen stellvertretenden Vorsitzenden des Sachverständigenrats für Gesundheit bei der Bundesregierung.

### 2.1.3 Besonderer Schutz? Nein!

Am 14. Oktober 2020 (also sieben (!) Monate nach Ausrufung einer epidemischen Lage von nationaler Tragweite) wurde Einrichtungen, die es verlangen, ein Anspruch auf Schnelltests für Personal und Bewohner durch das Gesundheitsministerium zugesprochen. *„Über Weihnachten und Neujahr wurde immerhin in Angriff genommen, was als Strategie im Oktober (!) formuliert worden war. ... Doch in vielen Fällen ist bis heute nichts geschehen. Hilfsorganisationen, Kanzleramt, Länder und Kommunen brachten es einfach nicht auf die Reihe"* (FAZ 23.1.2021). Die Regierenden verpflichteten am 13. Dezember die Heime zu Schnelltests, ohne jedoch für das entsprechende Personal Sorge zu tragen. Die ganze Last des besonderen Schutzes durch Tests lag auf dem ohnehin schon jahrelang ausgedünnten und erschöpften Personal. Tests kosten Zeit, verschärfen den extremen Personalmangel und mindern die Qualität der Pflege noch mehr. Positive Tests führen zu Quarantäne von Pflegekräften und HeimbewohnerInnen. Testpositive BewohnerInnen müssen im Heim isoliert und unter besonderen Schutzvorkehrungen (Schutzanzüge, Masken usw.) betreut werden. *„Wenn es eine intelligente Teststrategie gegeben hätte, dann hätte es nicht so viele Tote in der Hochrisikogruppe gegeben"*, so die hessische Landtagsabgeordnete Daniela Schmidt.[12] Ab dem 19.01.2021 rückte die Bundeswehr in Pflegeheime ein.[13] Zur Zeit sind des 4.400 uniformierte Kräfte (FAZ 6.3.2021).

### 2.1.4 Todesfälle von Pflegebedürftigen wurden in Kauf genommen

Die Bremer Untersuchung vom Juni 2020 ergab, dass 80 Prozent der Pflegeheime bis dahin keinen Covid-19-Fall unter den HeimbewohnerInnen verzeichne-

11 www.biva.de/besuchseinschraenkungen

12 Kim Björn Becker u. a. Wer testet, kann nicht pflegen, FAZ 17.12.2020

13 www.biva.de/besuchseinschraenkungen-in-alten-und-pflegeheimen-wegen-corona/#Allgemeine

ten. Schutzmaßnahmen können also erfolgreich sein, obwohl der Anteil infizierter Beschäftigter in stationären Einrichtungen sechs Mal so hoch ist wie in der Normalbevölkerung, bei ambulanten Diensten doppelt so hoch.[14]
Vorzeitiges Versterben in Verbindung mit SARS-Cov-2 hätte also in erheblichem Umfang vermieden werden können. Eine Untersuchung, warum ein bedeutender Teil der Pflegeheime Todesfälle mit oder an SARS-CoV-2 von Pflegedürftigen verhindern konnte und eine Minderheit nicht, steht bis heute aus. Warum gibt es kein Interesse daran, die *hotspots* des Todes in Deutschland zu untersuchen, sondern konzentriert Untersuchungen auf Schulen, die weder für Kinder noch für LehrerInnen *hotspots* des Todes sind? Ein Schulkind und ein in Schulen tätiger Mensch sind bisher seit Beginn der Pandemie mit oder an SARS-CoV-2 gestorben.[15] Die „Ausbrüche" in Pflegeheimen waren im Winter im zweiten Lockdown wesentlich höher als während des ersten. Im Dezember 2020 waren z. B. 86 Prozent der testpositiv Verstorbenen in Hessen BewohnerInnen von Alten- und Pflegeheimen; in Hamburg 73, in Bremen 71, in NRW 55, im Saarland 58, in Brandenburg 56 Prozent.[16] Angesichts des erkennbaren Desinteresses der Regierenden am Leben von Pflegebedürftigen muss das Virus als Schuldiger herhalten. *„Covid-19 ist ein Totmacher. Noch nie in der Geschichte der Republik sind so viele Menschen in so kurzer Zeit an einer einzigen Krankheit gestorben."*[17] Aber immerhin ruft Bundespräsident Steinmeier für den 18. April zu einem Gedenktag für die Toten auf und schlägt vor, als Zeichen der Trauer Kerzenlichter ins Fenster zu stellen.

### 2.1.5 Täglich sterben in Pflegeheimen vermutlich 750 BewohnerInnen

Bis heute gibt keine bundesweite Erhebung über die Aufenthaltsdauer in Pflegeheimen, die Zahl der Pflegebedürftigen, die versterben und die Zeiträume, in denen sie versterben. Auch die Zahl der Infektionen mit SARS-CoV-2 und ihre Wirkung sowie die genauen Umstände der Todesfälle unter HeimbewohnerInnen usw. werden nicht untersucht. *„Der Bund hat kein genaues Lagebild"*[18] und macht keine Anstalten, das zu ändern. Kann man das Leben einer „Hochrisikogruppe"schützen, wenn man ihre Lage im Dunkeln lässt? Tatsache ist, dass Pflegeheime ohnehin Orte des Todes sind.

---

14 www.t-online.de/nachrichten/wissen/id_88036228/studie-der-uni-bremen-corona-sterblichkeit-unter-pflegebeduerftigen-besonders-hoch.html vom 11.6.2020

15 Täglicher Situationsbericht des RKI 15.3.2021

16 https://www.bild.de/politik/inland/politik-inland/corona-tote-in-deutschland-bis-zu-86-prozent-kommen-aus-pflegeheimen-74689258.bild.html

17 www.sueddeutsche.de/meinung/covid-19-lieber-allein-zu-hause-1.5157336 vom 23.12.2020

18 www.sueddeutsche.de/politik/corona-pflegeheime-altenheime-1.5123802?print=true vom 22.11.2020

Es gab im Jahre 2017 in Deutschland 14.500 Pflegeheime, in denen rund 820.000 Menschen lebten.[19] Offizielle Angaben über die durchschnittliche Aufenthaltsdauer in Pflegeheimen in Deutschland sucht man vergebens. Sie wird auf im Schnitt 2,5 Jahre (30 Monate) geschätzt.[20] Laut Gutachten des Sachverständigenrats zur Begutachtung der Entwicklung im Gesundheitswesen von 2014 sterben nach Angaben der Träger je nach Heim etwa 30 bis 60 Prozent der BewohnerInnen innerhalb eines Jahres. Das Durchschnittsalter der BewohnerInnen lag bei 84 Jahren. Etwa die Hälfte war über 89 Jahre alt.[21] Wenn wir für 2019 von einer durchschnittlichen Aufenthaltsdauer von drei Jahren (36 Monaten) ausgehen, kommen wir bei 820.000 HeimbewohnerInnen auf 273.000 Gestorbene pro Jahr. Innerhalb eines Jahres wären ein Drittel der HeimbewohnerInnen gestorben, im Schnitt also täglich rund 750 Menschen.

## 2.2 „Allgemeine Kontaktverbote verhindern Todesfälle in Pflegeheimen“

Am 28. Oktober 2020 beschlossen Bund und Länder, ab dem 1. November einschneidende Kontaktbeschränkungen einzuführen, *„um die erheblich angestiegenen Corona-Infektionszahlen in Deutschland einzudämmen und damit auch schwere Krankheitsverläufe und Todesfälle zu verhindern.“*[22] Experten rechneten aus, wie viele Kontakte verhindert werden müssten, um die daraus errechneten Todesfälle zu verringern. Am 29.10.2020 verkündete Kanzlerin Merkel in einer Regierungserklärung, dass ab November 75 Prozent der Kontakte zwischen Menschen zu verhindern seien. Um Todesfälle in Krankenhäusern und Pflegeheimen zu verhindern, wurden die meisten Einrichtungen geschlossen, in denen Menschen arbeitsfreie Zeit verbringen und Treffen im öffentlichen Raum weitgehend verboten. Wer dadurch in welchem Umfang geschützt wird, spielte keine Rolle. Hauptsache, die Kontakte würden um 75 Prozent sinken. Wer sich dagegen ausspricht, wird verdächtigt, den Schutz des Lebens zu gefährden (vgl. 2.3).

Das Ziel, Todesfälle mit allgemeinen Kontaktverboten zu verhindern, wurde vollständig verfehlt. Im November gab es täglich 205 Verstorbene mit positiven Tests, im Dezember 559, im Januar 741, im Februar immer noch täglich 468 Todesfälle.[23] Zu Beginn des zweiten Lockdowns waren 63 Prozent der an und mit SARS-CoV-2 Verstorbene 80 Jahre und älter, Anfang März waren es 70 Prozent. *„Die nach wie vor erschreckenden Todeszahlen unter Hochbetagten deu-*

---

19 https://de.statista.com/statistik/daten/studie/36438/umfrage/anzahl-der-zu-hause-sowie-in-heimen-versorgten-pflegebeduerftigen-seit-1999/

20 https://pflege-prisma.de/2020/03/31/sterbezahlen-in-pflegeheimen/

21 Gesundheitswesen aktuell 2014, 293; Gesundheitswesen_Aktuell_2014.pdf

22 Videoschaltkonferenz der Kanzlerin mit den Regierungschefs der Länder

23 eigene Berechnungen anhand der täglichen Lageberichte des RKI

*ten auf falsche Prioritäten,"* gibt Heike Göbel zu (FAZ 12.2.2021). Doch das RKI bleibt dabei: *„Nur wenn die Zahl der neu Infizierten insgesamt deutlich sinkt, können auch Risikogruppen zuverlässig geschützt werden."*[24] Prof. Lauterbach (SPD) assistiert: *„Wir können nur den Wert der Neuinfektionen in der Allgemeinbevölkerung beeinflussen und dadurch wiederum die Risikogruppen schützen."*[25] Warum „nur"?

Die 7-Tage-Inzidenz der „Neuinfektionen" pro 100.000 Einwohner fiel von 114,6 am 1. November 2020 ab Ende Januar und stand Ende Februar bei 64. Obwohl sich die 7-Tage-Inzidenz etwa halbierte (vgl. 3.3), waren die Todesfälle, die durch Infektionsvermeidung vermieden werden sollten, pro Tag mehr als doppelt so hoch wie zu Beginn des Lockdowns. *„Die Lockdown-Politik ist gerade für die vulnerablen Gruppen wirkungslos. Es besteht die paradoxe Situation, dass eine mit hohen gesellschaftlichen Kosten verbundene Lockdown-Politik durchgesetzt wird, ... , obwohl die am stärksten Betroffenen, die höheren Altersgruppen und Pflegeheimbewohner/Innen, durch einen Lockdown nicht geschützt werden."* So eine Gruppe von Wissenschaftlern unter Leitung des früheren stellvertretenden Vorsitzenden des Sachverständigenrats für Gesundheit, Prof. Dr. Matthias Schrappe.[26]

Die Regierenden konzentrierten sich auf den Lockdown außerhalb der Heime, statt darauf, mit Tests aller Beschäftigten in den Heimen Infektionen zu erkennen und Kontakte von Infizierten mit Pflegebedürftigen in den Heimen zu unterbinden. Im Allgemeinen stimmt es, dass die Zahl der Todesfälle von der Zahl der Infektionen abhängt. Ohne sie hätte es die Todesfälle ja nicht gegeben. Die Realität hat es im Winter 2020/21 jedoch deutlich widerlegt. Die im Allgemeinen richtige Aussage wird zur Falschmeldung (Fake News), wenn Regierende und Experten dennoch an ihr festhalten. Sie setzen dann den Lockdown fort und verschärfen ihn, auch wenn er sein offiziell erklärtes Ziel verfehlt hat. *„Die Lehre aus dem Herbst ist, dass wir zu lange mit konsequenten Maßnahmen gewartet haben,"* erklärte Merkel.[27]

## 2.3 „AHA-Regeln einhalten vermeidet den Tod in Pflegeheimen"

*„Da ältere Personen häufiger von schweren Erkrankungsverläufen von COVID-19 betroffen sind, steigt die Anzahl an schweren Fällen und Todesfällen weiter an. Diese können vermieden werden, wenn alle mit Hilfe der Infektionsschutzmaßnahmen die Ausbreitung des SARS-CoV-2-Virus verlangsamen. Daher ist es weiterhin notwendig, dass sich die gesamte Bevölkerung für den Infektionsschutz engagiert,*

24 www.rki.de/DE/Content/InfAZ/N/Neuartiges_Coronavirus/Risikobewertung.html

25 www.spiegel.de/wissenschaft/medizin/coronavirus-massnahmen-wie-aussagekraeftig-ist-der-inzidenzwert-a-ced04d3c-6b39-46c9-882b-8e77cbee3a69 vom 11.11.2020

26 www.matthias.schrappe.com/index_htm_files/Thesenpap7_210110_endfass.pdf

27 FAZ 25.2.2021

*z. B. indem sie Abstands- und Hygieneregeln konsequent – auch im Freien – einhält, Innenräume lüftet und, wo geboten, eine Mund-Nasen-Bedeckung korrekt trägt. Menschenansammlungen – besonders in Innenräumen – sollten möglichst gemieden werden“.*[28] Wer sich mit einem Ehepaar in der Wohnung traf statt mit einer Einzelperson, wer die Maske nicht korrekt trägt, keinen Abstand von 1,5 - 2 m bei allen Kontakten einhält usw., ist demnach für den Tod in Pflegeheimen mit verantwortlich.

Söder weist die Verantwortung für Infektionen und Todesfälle unbekannten „manchen“ zu. *„Die zweite Welle einer Pandemie ist immer die gefährlichere, weil sich manche an die Gefahren gewöhnt haben“* und die Regeln nicht einhalten. Noch schlimmer: *„Mancher zuckt mit den Schultern und meint, die meisten seien ja sowieso über achtzig Jahre alt. Wenn das die Haltung eines ganzen Landes wäre, wäre das eine ethische Kapitulation. Es ist unvorstellbar, den Schutz des Lebens ans Alter zu knüpfen“* (FAZ 18. Januar 2021). Söder vermarktet sich als Beschützer der Alten und wischt das staatliche Desinteresse an besonderen Maßnahmen zum Schutz des Lebens von HeimbewohnerInnen vom Tisch, in dem er verantwortungslose „Manche“ anklagt, die die Regeln nicht einhalten. Auch in Bayern entfallen die meisten „Corona-Todesfälle“ auf Pflegeheime. Müsste das nicht untersucht werden, statt „manchen“ die Schuld zuzuschreiben?

Auch Merkel „kann Verleumdung“. Ihr zufolge wollen diejenigen, die einen allgemeinen Lockdown für wirkungslos halten und besondere Schutzmaßnahmen (vgl. 2.1) für Alten- und Pflegeheime verlangen, angeblich die vulnerablen Gruppen wegsperren, um unbeschwert einkaufen gehen zu können. *„Es gebe zwei ‚Schulen‘ in der Bekämpfung der Corona-Pandemie, sagte sie gegenüber Studierenden. Die eine wolle besonders gefährdete Gruppen ‚wegsperren‘, damit der Rest der Gesellschaft unbeschwert seinen Einkaufsbummel machen könne; die andere wolle alles tun, um die Infektionszahlen zu senken – besonders die in vulnerablen Gruppen.“*[29]

| Alter in Jahren | KW 51 14.-20.12. | KW 45 2.-8. 11. | KW 44 | KW 43 | KW 42 | KW 41 5.-11.10. | KW 51 zu KW 41 | KW 14 30.3.-5.4. |
|---|---|---|---|---|---|---|---|---|
| Insges. | 209 | 151 | 133 | 90 | 50 | 31 | 7 fach | 43 |
| 90 plus | 719 | 208 | 178 | 108 | 52 | 23 | **31 fach** | 142 |
| 85-89 | 440 | 146 | 114 | 73 | 36 | 19 | **23 fach** | 92 |
| 80-84 | 250 | 104 | 86 | 56 | 26 | 14 | **18 fach** | 60 |

Tab. 1: 7-Tage-Inzidenz pro 100.000 Einwohner n. Altersgruppen u. Kalenderwochen (KW)[30]

Die „Mutti der Nation“ rechtfertigte die Schließung von Geschäften ab November 2020 mit der Fürsorge für PflegeheimbewohnerInnen. Als sie in der Woche

28 Täglicher Situationsbericht 30.12.2020

29 Jasper von Altenbockum, Merkels Schule, FAZ 17.12.2020

30 www.rki.de/DE/Content/InfAZ/N/Neuartiges_Coronavirus/Daten/Altersverteilung.html

vom 17.12.2020 diese Behauptung aufstellte, waren die 7-Tageswerte der „Neuinfektionen“ bei über 80-Jährigen gegenüber dem Beginn des Lockdowns ab 1. November um das 18- bis 31-fache gestiegen und mit ihnen auch die Todeszahlen in zahlreichen Heimen (vgl. 2.2). Der Lockdown war gescheitert, die Versprechungen stellten sich als Fake News heraus. Ende Januar 2021 lagen die 7-Tageswerte der über 80-Jährigen und die Todeszahlen in den Heimen immer noch erheblich über dem Durchschnitt. Berthold Kohler, einer der Herausgeber der FAZ, verkündete unverdrossen: *„Bis die ... Impfkampagne eine Herdenimmunität in Deutschland erzeugt hat, bleibt das vorsichtige Verhalten eines jeden Bürgers das schärfste Schwert im Kampf gegen Corona“* (FAZ 27.1.2021).

## 2.4 „Schwedens Verzicht auf Lockdown tötet Menschen aus Risikogruppen“

Der allgemeine Lockdown gilt in Deutschland als das wichtigste Mittel, um das Leben der Hochrisikogruppen in Pflegeheimen zu schützen. Lauterbach, der Gesundheitsexperte der SPD, kritisierte im Mai 2020 Schweden, weil es auf einen Lockdown verzichtet hatte: *„Grob gesprochen werden dort sehr viele ältere Menschen geopfert, damit man die Cafés nicht zumachen muss.“* Selbsternannte Faktenchecker wie die Volksverpetzer stießen ins gleiche Horn: *„Wer den Weg Schwedens* (ohne Lockdown) *lobt, sagt im Grunde: Lasst uns Oma und Opa opfern, damit ich ins Kino kann.“*[31] Hätte Schweden also Cafés und Kinos, Restaurants, Geschäfte, Kinos, Sportstätten, Schulen, Kindergärten usw. wie Deutschland geschlossen, wären weniger Omas und Opas in Pflegeheimen gestorben. In der Tat gab es in Schweden unverhältnismäßig viele „Corona-Tote“ in Pflegeheimen. Anfang Juli 2020 sollen es 50 Prozent der in Zusammenhang mit Corona Verstorbenen gewesen sein, zuzüglich weitere 29 Prozent unter Pflegebedürftigen in ambulanter Pflege.[32] Seit Beginn der Pandemie bis Ende November 2020 starben 45 Prozent der bis dahin an oder mit SARS-CoV-2 verstorbenen 6.681 Personen in Altersheimen (3.002 Personen). Weitere 25,4 Prozent (1.696 Personen) der Toten waren ambulant von Pflegediensten betreute Pflegebedürftige.[33]

Die Gesundheitsbehörde unter Anders Tegnell hatte die Regierung schon zu Beginn der Pandemie darauf hingewiesen, dass es in den Pflegeheimen deutliche Verbesserungen geben müsste und hatte Vorgaben gemacht, ohne allerdings die Kompetenz zu besitzen, sie durchzusetzen. Die hatten laut Gesetz nur die 21

---

31 vgl. Frankl/Roth/Weißert, Frankfurt(M.) 2020, 58

32 vgl. Frankl/Roth/Weißert, Frankfurt(M.) 2020, 57 f.; auch Schwarzer-Peter-Spiel FAZ 4.12.2020; www.thelocal.se/20200506/coronavirus-what-went-wrong-in-swedens-care-homes https://appsso.eurostat.ec.europa.eu/nui/show.do?dataset=demo_mmonth&lang=de

33 https://www.heise.de/tp/features/Covid-19-Todesfaelle-Untersuchungsausschuss-setzt-Schwedens-Regierung-unter-Druck-4993577.html; https://de.statista.com/statistik/daten/studie/1111495/umfrage/fallzahl-des-coronavirus-in-schweden/

Regionen des Landes. Und diese setzten die Vorgaben nicht um, so der Journalist Henning Rosenbusch, der in Schweden lebt.[34] Die schwedische Regierung trifft eine Mitverantwortung, denn sie stellte nicht sicher, dass genug Gelder zur Verfügung stehen, um mehr Personal einzustellen. Die Regierung bewilligte dafür erst im Dezember vier Milliarden zusätzlich im Jahr. Die schwedische Regierung gab Fehler zu. Das Parlament setzte einen Untersuchungsausschuss ein, der Ende 2020 der Regierung und den Regierungen der Regionen die Schuld zuwies.

**Verantwortlich für die Lage in den Pflegeheimen war nicht der fehlende Lockdown.** Die Personalsituation der Pflegeheime in Schweden hatte sich in den Jahren zuvor drastisch verschlechtert. Immer mehr Heime wurden von privaten Investoren übernommen, bei denen der Gewinn im Zentrum steht. Um an Lohnkosten zu sparen, wurde auch in kommunalen Heimen qualifiziertes Personal nicht in ausreichendem Maße eingestellt. Das Pflegepersonal besteht zu einem bedeutenden Teil aus stundenweise oder in Teilzeit beschäftigten Arbeitskräften, die häufig MigrantInnen sind, die in beengten Verhältnissen wohnen. Sie arbeiteten nicht selten trotz Krankheitssymptomen weiter, weil es bei stundenweiser Beschäftigung keine Lohnfortzahlung im Krankheitsfall gibt. Sie wollten auch aus Solidarität mit ihren überlasteten KollegInnen nicht zu Hause bleiben. Weitere hatten sich unbemerkt außerhalb des Heims infiziert. Dazu kam die mangelnde Ausstattung mit Schutzausrüstungen.

Der enge Körperkontakt mit zu pflegenden Menschen erleichtert die Übertragung des Virus. Auf der anderen Seite steckten sich HeimbewohnerInnen auch untereinander an. Viele sind dement und können sich nicht an Abstands- und Hygieneregeln halten. Das strenge Besuchsverbot für Heime seit Ende März konnte die Lage auch nicht ändern.

Andererseits hat auch Schweden ein herunter gekürztes Krankenhauswesen. Auf 100.000 Einwohner entfallen nur 5 Intensivbetten, in Deutschland sind es 33. So wurden Erkrankte häufig abgewiesen, auch Pflegebedürftige. Sie starben, ohne behandelt zu werden.[35]

Es war also nicht der Egoismus vergnügungssüchtiger Menschen, die in Kinos oder Cafés gehen wollten, es war nicht der Verzicht auf einen Lockdown, sondern der Egoismus der ökonomischen und politischen Kräfte, die im Geschäftsinteresse an der Senkung von Sozialleistungen Kosten drücken, ohne auf Personal und Pflegebedürftige Rücksicht zu nehmen. Solche Verhältnisse herrschen, in abgemilderter Form, auch in Deutschland (vgl. 6.4).

---

34 https://www.youtube.com/watch?v=dBFO_zkCxkY

35 Ausführlich dazu www.rbb24.de/panorama/thema/2020/coronavirus/beitraege_neu/2020/05/schweden-umgang-corona-senioren-pflegeheime-kliniken.html

## 2.5 „Der Schwedische Weg ist gescheitert“

Schweden steht ohne Lockdown im Vergleich zu einer Reihe von europäischen Ländern erheblich besser da. Das Land wird beschuldigt, einen „tödlichen Sonderweg“ gegangen zu sein. Die Länder jedoch, die einen wesentlich tödlicheren „Normalweg“ gegangen sind, werden nicht angeklagt. Die Lockdowns in Italien, Frankreich, Spanien und Großbritannien waren erheblich härter als in Deutschland. Dennoch sind dort die Todeszahlen pro eine Million Einwohner teilweise erheblich höher als in Schweden ohne Lockdown. Dieser Umstand wird von den Lockdown-Strategen in Deutschland nicht hervorgehoben, weil er sie widerlegt. Die Zahlen beweisen: Lockdowns, wie hart auch immer, sind kein Mittel gegen den Tod in Pflegeheimen.

| Deutschland | Schweden | Frankreich | UK (GB) | Italien | USA | Spanien | Belgien |
|---|---|---|---|---|---|---|---|
| **883** | **1.296** | 1.388 | 1.843 | 1.697 | 1.649 | 1.549 | 1.939 |

Tab. 2: Todesfälle an oder mit SARS-CoV-2 pro Mill. Einwohner seit Beginn der Pandemie[36]

Am 4.12.2020 wies Deutschland 218 Corona-Tote pro eine Million Einwohner auf, Schweden 698. Seither hat Deutschland mit 883 Todesfällen gegenüber Schweden deutlich aufgeholt.

Schweden erhöhte die Zahl der Tests Ende Oktober gegenüber April um das Achtfache. Das trägt dazu bei, dass wesentlich mehr testpositive Personen zu verzeichnen sind als im Frühjahr[37] und damit auch mehr testpositive Tote. Die Zahl der Testpositiven schnellte von rund 70.000 Anfang Juli auf 712.527 am 16. März hoch. Sie verzehnfachte sich. Die Zahl der „Corona-Toten“ dagegen verdoppelte sich nur um das 2,4-fache von rund 5.500 auf 13.146. Die Letalitätsrate in Schweden sank von rund 8 Prozent Anfang Juli 2020 auf 1,84 Prozent. Wenn wir die Zahl der Toten auf das 14 Tage zurückliegende Sterbedatum beziehen, ergibt sich eine Letalitätsrate von 1,98 Prozent.[38] In Deutschland hat sich die Zahl der Corona-Toten seit Anfang Juli bis zum 15. März 2021 von 8.900 auf 73.418 mehr als verachtfacht, die Zahl der Testpositiven von 195.000 auf etwa 2,57 Millionen mehr als verdreizehnfacht. Die Letalitätsrate fiel von 4,6 Prozent Anfang Juli auf 2,85 Prozent am 15.3.2021. Tatsächlich aber liegt das wirkliche Sterbedatum im Schnitt drei Wochen früher, so das Gesundheitsforschungszentrum (IGES) aus Berlin unter Leitung von Prof. Bertram Häussler.[39] Die Zahl der Toten am 15.3. muss also auf die Zahl der Testpositiven vom 22. Februar bezogen werden. Deutschland hatte eine Sterberate von 3,1 Prozent. Schweden hat inzwischen trotz der sehr schweren Versäumnisse im Pflege-

36 https://de.statista.com/statistik/daten/studie/1111794/umfrage/todesfaelle-mit-coronavirus-covid-19-je-millionen-einwohner-in-ausgewaehlten-laendern/ Stand 16.03.2021

37 https://sebastianrushworth.com/2020/10/31/a-history-of-the-swedish-covid-response/

38 https://covid19.who.int/region/euro/country/se

39 https://www.iges.com/corona/#attr_iitem4679__ vom 26.01.2021

sektor ohne Lockdowns eine niedrigere Sterberate als Deutschland mit Lockdowns.

Im Übrigen ist es klar, dass ein Leben ohne Schul- und Kindergartenschließungen, ohne Schließung nahezu aller öffentlichen Einrichtungen, Cafés und Restaurant, ohne ständige Panikmache und ohne Maskenpflicht bei Einhaltung von Abstands- und Hygieneregeln deutlich angenehmer ist als mit. Ohne Lockdown ist die Herdenimmunität in Schweden erheblich weiter fortgeschritten (vgl. 5.1).

**Zur Übersterblichkeit**

Schweden weist bei den Sterbefällen 2020 im Vergleich zum Durchschnitt der Jahre 2016-2019 eine Übersterblichkeit von 7,1 Prozent auf (97.941 zu 90.976). Allerdings gab es in 2019 mit 88.766 Sterbefällen eine erhebliche Untersterblichkeit.[40] Die Bevölkerungsentwicklung spielt bei der Beurteilung eine Rolle, vor allem aber Veränderungen im Altersaufbau (vgl. 4.1). Das Zentrum für evidenzbasierte Medizin der Universität Oxford berücksichtigte beides in einer am 3.März 2021 veröffentlichten Studie.[41] Anhand der auf dieser Basis zu erwartenden Sterblichkeit berechneten sie für Schweden im Jahre 2020 eine Übersterblichkeit von 1,5 Prozent und für Deutschland von 3,3 Prozent. Schweden hat, wenn man den Altersaufbau und die Bevölkerungsentwicklung berücksichtigt, eine weniger als halb so hohe Übersterblichkeit. *„Die Ergebnisse hätten einschlagen müssen wie eine Bombe, doch das taten sie nicht. Weder in Schweden, noch in Deutschland wurde bisher darüber berichtet, zu welchem Ergebnis die Experten für medizinische Statistik gekommen sind. ... .“*[42]

Die niedrige Übersterblichkeit in Schweden ist zumindest ein starker Beweis dafür, dass der Verzicht auf einen Lockdown kein Fehler war.

## 2.6 „Es droht eine Überlastung der Intensivstationen“

Eugen Brysch, Vorstandsmitglied der *Stiftung Patientenschutz* erklärte: *„Alle Verantwortlichen, die letztendlich doch verhindern wollen, dass unsere Krankenhäuser wegen der intensivmedizinischen Last zusammenbrechen; alle Verantwortlichen, die das in den Mittelpunkt gestellt haben, versagen dort, wo die eigentliche Krise beginnt, sie beginnt in der **Altenpflege**, sie beginnt nicht auf der **Intensivstation**. Dort endet sie.“*[43] Dieser Zusammenhang wird meist nicht hergestellt. Es gibt keine Informationen darüber, wie viele Pflegebedürftige aus Heimen und ambulant betreuten Wohnungen in Krankenhäuser eingewiesen werden bzw. dort sterben. *„Wenn in einem Altenheim plötzlich eine Infektion explodiert und 10, 15, 20 oder 30 alte Leute erkranken, dann sind die regionalen*

40 www.statista.com/statistics/525353/sweden-number-of-deaths/

41 https://www.cebm.net/covid-19/excess-mortality-across-countries-in-2020/

42 https://www.nachdenkseiten.de/?p=70449

43 https://www.merkur.de/lokales/muenchen/corona-tote-deutschland-altenheime-pflegeheime-risikogruppe-alte-menschen-zr-90146766.html vom 20.12.2020

*Krankenhäuser innerhalb von zwei Tagen überflutet,"* so Dr. Thomas Voshaar, Chefarzt einer Lungenklinik.[44] Selbst Jasper von Altenbockum stellt fest: *„Ein frühzeitiger besser organisierter Schutz der Senioren hätte dazu geführt, dass Krankenhäuser entlastet worden wären, und die Todeszahlen niedriger lägen, vermutlich sehr viel niedriger."*[45] Altenbockum macht die Regierenden in Bund und Ländern zu Recht für eine hohe Zahl von Toten aus Heimen verantwortlich. Trotzdem gelten sie als Corona-Opfer, nicht als Lockdown-Opfer. Kanzlerin Merkel setzt auch bei der Bekämpfung der „Überlastung" der Krankenhäuser vorrangig auf den allgemeinen Lockdown. *„Wenn wir mit konsequenten Maßnahmen zur Eindämmung des Infektionsgeschehens warten würden, bis die Intensivstationen unserer Krankenhäuser voll belegt sind, dann wäre es zu spät"*, warnte sie am 26. November im Bundestag.[46]

Die Intensivstationen (ITS) waren aber selbst auf dem Höhepunkt der Belegung mit Covid-19-Patienten am 3.1.2021 nicht voll belegt. Das einzige, was zugenommen hat, war der Anteil der Covid-19-Patienten. Er stieg von 10,7 Prozent am 1.11. auf 28,6 Prozent am 3.1.2021. Die auf Erzeugung von Ängsten geeichten Politiker und Medien konzentrierten sich nur auf die Zunahme der Covid-19-Patienten.

| | 16.3.21 | 3.1.21 | 1.11.20 | 1.10.20 | 1.8.20 | 1.5.20 |
|---|---|---|---|---|---|---|
| Betten insgesamt | 24.134 | 23.809 | 26.255 | 27.802 | 30.194 | 31.218 |
| Davon belegt | 20.442 | 20.078 | 19.230 | 20.091 | 19.875 | 19.218 |
| mit Covid-19-Fällen | 2.843 | 5.745 | 2.056 | 360 | 255 | 2.118 |
| Freie Betten | 3.692 | 3.731 | 7.025 | 7.711 | 10.319 | 12.000 |
| Reserve in 7 Tagen | 10.435 | 10.442 | 12.325 | 11.691 | 12.209 (5.8.) | 0 |

Tab. 3: Betten auf Intensivstationen (ITS) in 2020/21[47]

Die Zahl von Covid-19-Patienten hatte am 3.1.2021 ihren Höhepunkt. Bis zum 16.3. hat sie sich auf 2.843 Personen verringert. Während der ersten beiden Monate des zweiten Lockdowns, als die Zahl der Covid-19-Patienten um 3.689 Personen zunahm, wurden 2.446 Betten abgebaut.Wie kann man durch den Abbau von Betten einer möglichen Überlastung auf ITS vorbeugen? Die drohende Überlastung erwies sich angesichts dessen als Falschmeldung. Medien hatten lange, um die Bedrohung in Bildern zu präsentieren, täglich Schwerkranke in Intensivbetten gezeigt und Krankenhäuser, die am Limit waren. Die Bilder waren fake news. Sie dienten als Instrument der Panikmache für den Lockdown-Kurs der Regierenden.

---

44 https://www.t-online.de/gesundheit/krankheiten-symptome/id_88996712/corona-arzt-diese-behandlungsmethode-koennte-patienten-das-leben-retten.html vom 27.11.2020

45 Jasper von Altenbockum, Ein Abgrund der Pandemie, FAZ 23.1.2021

46 https://www.corodok.de/die-intensivstationen-corona/

47 https://www.intensivregister.de/#/aktuelle-lage/zeitreihen

Zusammen mit dem Abbau der Notfallreserve verschwanden auf rätselhafte Weise innerhalb von sechs Monaten mehr als 9.000 Betten (siehe Tabelle). Die freien Betten wurden also nicht weniger, weil die Zahl der Covid-19-Patienten zugenommen hat. Die durch Bettenschwund und Vernachlässigung der Pflegeheime geförderte drohende Überlastung dient kurioserweise als Grund für die Schließung von Cafes, Restaurants, Sportstätten, Geschäften usw., um angeblich mögliche Krankenhauseinweisungen nach möglichen Infektionen zu verhindern. Im Winter kam es oft schon vor der Pandemie zu Überlastungen von Krankenhäusern, z. B. im Großraum München, wo in einer Nacht im März 2018 alle Intensivstationen sämtlicher Krankenhäuser wegen Überfüllung geschlossen wurden.

**Bettenabbau als Reaktion auf Überlastung – Warum?**

Die Zahl der freien Betten sank mit 3.294 noch stärker als die der Betten insgesamt. Die Expertengruppe um die ehemaligen „Gesundheitsweisen" Prof. Matthias Schrappe und Prof. Gerd Glaeske fragt sich, *„ob es sich hier nicht um Intensivbetten handelt, [...] für die öffentliche Fördermittel geflossen sind."*[48] Von 16. März bis 30. September 2020 bekam jedes Krankenhaus pro Intensivbett, das für Covid-19-Patienten freigehalten wurde, eine Kostenpauschale, unabhängig davon, ob dafür Personal bereitstand. Bis 1. Juli waren es 560 Euro pro Tag, dann bis 30. September zwischen 360 und 760 Euro. Bis 30.09. 2020 flossen dafür 9 Milliarden Euro an die Krankenhäuser. Da Regierung und Experten mit irrsinnigen Zahlen von Hunderttausenden Toten rechneten, hielten sie Tausende von freien Betten für potentiell Erkrankte für notwendig. Das führte auf der anderen Seite zu erheblichen Einnahmeausfällen, da lukrative Operationen und Behandlungen verschoben wurden, um freie Betten vorhalten zu können. Laut Auszahlung der Fördergelder hätten 39.700 Intensivbetten vorhanden sein müssen. Gemeldet waren aber nur 32.500. Wurden 7.200 Fantasiebetten mit Steuergeld gefördert?[49] Es ist absurd, das Freihalten von Betten zu finanzieren, für die kein Personal vorhanden ist. In erster Linie müssten Milliarden für die Behebung des Personalnotstandes und die bessere Versorgung der Patienten durch die Kliniken ausgegeben werden.[50] Der Personalnotstand wurde offenbar nicht als Problem gesehen (vgl. 6.3). Mit dem Bevölkerungsschutzgesetz vom 18.11.2020 wurde die Zahlung von Freihaltepauschalen erheblich beschränkt. Nur noch ein kleiner Teil der Krankenhäuser bekommt sie unter bestimmten Bedingungen, nicht mehr alle.[51] Am 1.5. 2020 wurden noch 38 Prozent der Betten freigehalten, am 16.3.2021 nur noch 15,3 Prozent. Woran das wohl liegen mag?

---

48 https://www.ndr.de/nachrichten/hamburg/thesenpapier104.pdf

49 https://www.tagesschau.de/investigativ/kontraste/corona-intensivbetten-101.html

50 https://www.daserste.de/information/wirtschaft-boerse/plusminus/sendung/swr/coronahilfen-krankenhaeuser-100.html vom 2.12.2020

51 https://telegra.ph/ITS-Bettenreduzierung-12-07

**Wer gilt als Covid-19-Patient?**

Für stationär behandelte Covid-19-Patienten wird seit dem 1. Oktober 2020 bis zum Ende der Pandemie pro Tag 100 Euro bezahlt statt 50 Euro wie zuvor. Das gilt für Patienten mit positivem PCR-Test unabhängig vom Schweregrad der Symptome[52] und sogar für sogenannte Covid-19-Verdachtsfälle, d. h. Personen mit klinischen Symptomen, die auf Covid-19 hindeuten, ohne dass dies getestet wurde. Bereits *„Kontaktanlässe"*, d. h. nachgewiesene Kontakte zu einer positiv getesteten Person vor der Aufnahme im Krankenhaus, reichten aus. *„Es ist jedoch unglaublich schwierig, auf Anhieb zwischen einem grippalen Infekt und einer Corona-Infektion zu unterscheiden. Am Ende kann nur ein Corona-Test Klarheit schaffen"*, sagt Chefarzt Dr. Thomas Voshaar.[53] Ein positiver PCR-Test macht auch Krebspatienten zu Covid-19-Patienten. Eine Lungenentzündung (Pneumonie) reicht für einen Covid-19-Verdachtsfall aus, auch wenn diese durch andere Erreger ausgelöst worden sein könnte. Auf ITS liegende Patienten werden also durch Tests, aber auch bei Verdacht zu Covid-19-Kranken, für die es seit 1.10. einen finanziellen Anreiz von 100 Euro zusätzlich gibt. Die Zahl der Covid-19-Patienten auf Intensivstationen stieg nach dem 1.10. bis zum 3.1.2021 um das 16 fache. Ein Schelm, wer Böses dabei denkt.

## 2.7 „Künstliche Beatmung dient vor allem dem Schutz des Lebens"

Im Zentrum der Behandlung von Covid-19-Patienten auf den ITS steht die künstliche Beatmung. *„Zu Beginn der Pandemie hatten wir etwa 20.000 Betten mit Beatmungsgerät"*, sagte der Präsident der deutschen Krankenhausgesellschaft."[54] Anfang April waren es schon 30.000. Die Bundesregierung zahlte für jedes neu eingerichtete Intensivbett mit Beatmungsgerät 50.000 Euro, unabhängig davon, ob Personal dafür bereitstand. Insgesamt haben Krankenhäuser 626 Millionen Euro erhalten. Von Anfang an gab es Berichte, dass vorschnelle invasive Beatmungen im Falle von Covid-19 vorzeitig zum Tod führten.[55] Doch ein Jahr später, am 15. März 2021, wurden immer noch 57 Prozent der Covid-19-Patienten auf ITS künstlich beatmet (Täglicher Lagebericht des RKI). Seit Beginn der Pandemie wurde mindestens die Hälfte der Patienten invasiv beatmet.
Bei der Intubation pumpt ein Gerät mit Überdruck Sauerstoff über einen in die Luftröhre verlegten (=invasiv) Schlauch in die Lunge. Um das ertragen zu können, werden die Patienten ins Koma versetzt. Da eine Maschine die gesamte Atemarbeit übernimmt, verkümmern die natürlichen Atemfunktionen. Lungenkliniken sind Vorreiter nicht-invasiver Beatmung. Die Patienten sollen solange wie möglich selbst atmen. Letztes Mittel ist eine Atemmaske, mit der Sauerstoff

52 Susan Bonath https://www.rubikon.news/artikel/die-herbeigeredete-katastrophe
53 s. Fußnote 44
54 https://www.tagesschau.de/inland/coronavirus-intensivbetten-deutschland-101.html
55 Vgl. Frankl/Roth/Weißert, Frankfurt(M.) 2020, S. 19

über Druckluft zugeführt wird. Erst wenn trotzdem Patienten nicht ausreichend selbst atmen können, wird künstlich beatmet. Dr. Thomas Voshaar, Chefarzt einer Lungenklinik in Moers und Vorsitzender des Verbandes Pneumologischer Kliniken in Deutschland: *„Fakt ist, dass wir ... Covid-19-Patienten viel zu früh künstlich beatmen."* Die künstliche Beatmung sei zwar lebensrettend für Schwerstkranke und -verletzte, aber bei vielen Covid-19-Patienten nicht notwendig. Noch schlimmer: *„50 Prozent der invasiv beatmeten Covid-19-Patienten sterben. Das ist ein klares Zeichen, dass wir in der Medizin einen anderen Weg gehen müssen."*[56] Auf der Basis von Daten der AOK stellte eine Studie bei etwa 10.000 Covid-19-Patienten aus 920 Krankenhäusern, die zwischen dem 26.2. und 19.4.2020 künstlich beatmet waren, eine Sterberate von 53 Prozent fest. Von den nicht invasiv-Beatmeten, starben nur 16 Prozent.[57] In einer Studie der Klinik von Voshaar wurden nur acht von 78 Covid-19-Patienten, die eine ausgeprägte Lungenentzündung und eine Sauerstoffsättigung des Bluts von unter 93 Prozent hatten, maschinell beatmet, 70 dagegen nicht. Von den Intubierten starb die Hälfte, von den 70 nicht invasiv-Beatmeten nur zwei. *„Offenbar lässt sich eine künstliche Beatmung bei Covid-Patienten sogar fast immer vermeiden."*[58] Intubierte bleiben im Schnitt 18 Tage auf der Intensivstation[59] und danach einige Tage auf einer Normalstation.[60] Die Gesamtdauer des Krankenhausaufenthaltes von Beatmungspatienten ist 25 Tage[61], bei nicht beatmeten Patienten sechs bis zwölf Tage. Die Intubation der Hälfte der ITS-Patienten trägt massiv zur Überlastung von Krankenhäusern bei. Durch verstärkte Nutzung nicht-invasiver Beatmung könnten die Liegezeiten bei Tausenden von Patienten mehr als halbiert werden. Das Personal würde erheblich entlastet. Die „Überlastung" von Kliniken ist auch auf die exzessive künstliche Beatmung zurückzuführen.

| aus ITS entlassen | 50 % invasiv beatmet | verstorben 50 % | 20 % invasiv beatmet statt 50 % | verstorben 50 % | Nicht-invasiv beatmet 30% | Verstorben 16 % |
|---|---|---|---|---|---|---|
| 77.178 | 38.589 | 19.294 | 15.436 | 7.718 | 23.154 | 3.705 |

Tab. 4: Covid-19-Patienten auf ITS seit Beginn der Pandemie[62]

56 https://www.merkur.de/welt/coronavirus-beatmung-intubation-lungenarzt-intensivstation-kapazitaet-deutschland-fehler-90150840.html

57 https://www.aok-bv.de/imperia/md/aokbv/hintergrund/dossier/krankenhaus/wido_abb-1_sterblichkeit_covid-19.jpg vom 29.7.2020

58 Nicola von Lutterotti, Genug Sauerstoff, FAZ 3.2.2021

59 https://www.rki.de/DE/Content/InfAZ/N/Neuartiges_Coronavirus/Steckbrief.html;jsessionid=A320CE1577CE807928A6A185EE9F73D9.internet121?nn=13490888#doc13776792bodyText11

60 s. Fußnote 44

61 https://aok-bv.de/presse/pressemitteilungen/2020/index_23806.html vom 29.07.2020

62 Covid-19-Lagebericht RKI 2.3.2021; www.intensivregister.de/#/aktuelle-lage/laendertabelle

Wenn 50 Prozent der invasiv beatmeten Patienten sterben, sind seit Beginn der Pandemie rund 19.300 Menschen daran gestorben. Nehmen wir an, invasive Beatmung wäre statt in 50 Prozent nur in 20 Prozent der Fälle angewandt worden, wären 23.154 Personen nicht-invasiv statt invasiv beatmet worden. Nur 16 Prozent von ihnen wären nach der AOK-Studie gestorben, also rund 3.700 Personen. Unter diesen Voraussetzungen hätte bis Anfang März 2021 der vorzeitige Tod von rund 7.900 Covid-19-Patienten vermieden werden können.

**Warum trotz hoher Todesfälle Schwerpunkt auf künstliche Beatmung?**

Die Finanzen der Krankenhäuser hängen wesentlich von den ITS-Stationen und der Behandlung mit Beatmungsgeräten ab. Die stationäre Behandlung eines Covid-19-Patienten kostet im Schnitt 10.700 Euro. Bei denen, die beatmet werden, fallen im Schnitt 38.500 Euro an. Das ergab eine Auswertung der Daten von 26,5 Millionen Versicherten der AOK. Ähnliche Zahlen nannte die Barmer Ersatzkasse.[63] Prof. Jürgen Wasem, einer der bekanntesten Gesundheitsökonomen Deutschlands, erklärte in der WELT auf die Frage: *„Deutsche Kliniken haben in den vergangenen Jahren ihre Intensivkapazitäten und Beatmungsbetten stark ausgebaut. Ist diese Entwicklung darauf zurückzuführen, dass diese sehr hoch vergütet werden?*
***Wasem:*** *Ja. Mit künstlicher Beatmung wird richtig viel Geld gemacht. Das ist ein Fehlanreiz des Fallpauschalensystems. Viele Kliniken reizen die Beatmungsmöglichkeiten aus. Aber: ... Wir stehen in der Corona-Krise relativ gut da, weil wir diese Fehlanreize zugelassen ... haben. Das ist pervers, aber das ist so. Kliniken versuchen, Patienten möglichst lange zu beatmen. Im Moment ist das nach Stunden gestuft. So steigt die Vergütung deutlich an, wenn die Beatmung mindestens 95 Stunden beträgt. Sie finden daher wenige Patienten, die 94 Stunden beatmet werden. Die Krankenhäuser denken ökonomisch und haben daher in den vergangenen Jahren verstärkt auf Intensivbetten gesetzt."*[64]
Die profitable Nutzung Zehntausender Tod bringender Geräte steht im Mittelpunkt, nicht der Schutz des Lebens. Allein die Existenz dieser teuren Geräte legt ihre Nutzung nahe, um Verluste zu vermeiden. Immer größer wird die Zahl der PatientInnen, die zu Hause künstlich beatmet werden. Im Jahre 2003 betraf das gerade einmal 500 PatientInnen. 15 Jahre später waren es etwa 40.000 Fälle, 80(!) mal mehr. Auch hier spielt die Vergütung von bis zu 30.000 Euro pro Fall und Monat eine große Rolle. Über 600 in diesem Bereich spezialisierte Pflegedienste sind seitdem entstanden.[65] Wie viele Menschen nach unnötiger ambulanter Beatmung sterben, wird nicht erfasst. Es könnten weitere Tausende sein.

63 https://www.berliner-zeitung.de/news/stationaere-behandlung-von-covid-19-kostet-ueber-10000-euro-li.112183 vom 18.10.2020

64 https://www.welt.de/politik/deutschland/article207311157/Corona-Mit-kuenstlicher-Beatmung-wird-richtig-viel-Geld-gemacht.html vom 20.4.2020

65 Bernd Hontschik, Alle Menschen werden sterben, FR 13.2.2021

# 3 Behauptungen zu Infektionen mit SARS-CoV-2

## 3.1 „Wer PCR-testpositiv ist, ist krank"

Laut RKI gab es am 15. März 2021 insgesamt 2.575.849 *„labordiagnostisch bestätigte Covid-19-Fälle"*. Fälle positiver PCR-Tests sollen also Krankheitsfälle sein (Corona-Virus-Disease = Covid; Disease = Krankheit).[66] Das RKI hält alle testpositiven Personen für krank, selbst wenn sie keine klinischen Symptome aufweisen. Diese Falschmeldung erzeugt unbegründete Angst, zumal in Medien aufgebauscht wird, dass Covid-19 bei jedem Einzelnen zu schweren Verläufen und zum Tode führen kann (vgl. 4.4). Das RKI zählt auch „Verdachtsfälle" als Infizierte, d. h. negativ Getestete, die enge Kontaktpersonen von Testpositiven sind, so die Initiative Qualitätsmedizin IQM, die Forschungseinrichtung von 500 Kliniken in Deutschland, Österreich und der Schweiz.[67]

Nach Pschyrembel, dem wichtigsten medizinischen Lexikon, ist eine Infektion das *„Eindringen von pathogenen Mikroorganismen, wie Bakterien oder Viren, in einen Organismus mit anschließender Besiedelung und Vermehrung."*[68] PCR-Tests können also Infektionen mit SARS-Cov-2 feststellen, vorausgesetzt, die Probe in Rachen und Nase wurde fehlerfrei entnommen und die Tests schlagen nicht auf Virenreste aus überwundenen Infektionen an. SARS-CoV-2 dringt in den Rachenraum ein und kann innerhalb eines Zeitraums von meist drei bis fünf Tagen, der sogenannten Inkubationszeit (der Zeit von der Ansteckung bis zum Ausbruch einer Krankheit), zu Symptomen führen. Während der Inkubationszeit vermehren sich die Erreger. Gleichzeitig mobilisiert der Körper aber auch Abwehrstoffe, sodass die Krankheit in 80-85 Prozent der Fälle nicht ausbricht oder nur einen milden Verlauf nimmt. Je schwächer die Immunabwehr ist, z. B. bei alten Menschen mit vielen Vorerkrankungen, desto eher und heftiger kann die Krankheit ausbrechen.

Eine Infektionskrankheit ist eine *„durch eine Infektion nach einer Inkubationszeit hervorgerufene Krankheit... Nicht jede Infektion führt aber zu einer Infektionskrankheit."*[69] Wer sich mit SARS-CoV-2 infiziert, muss also in vielen Fällen zunächst noch als gesund gelten. Gesunde zu Kranken zu erklären, verbreitet Panik, ist bei der Pharmaindustrie und im kapitalistischen Gesundheitswesen jedoch weit verbreitet. Nicht selten werden Krankheiten sogar erfunden bzw. wird ihre Gefährlichkeit übertrieben, um sie mit Medikamenten bzw. Operationen zu bekämpfen, die nicht notwendig sind. Das dient dem Schutz profitabler Geschäfte, aber nicht der Gesundheit.[70]

---

66 Täglicher Lagebericht des RKI vom 15.03.2021, 3

67 https://multipolar-magazin.de/artikel/kliniken-2020, 18.2.2021

68 https://www.pschyrembel.de/Infektion/K0ARQ/doc/ abgerufen 16.12.2020

69 Pschyrembel ebd.

70 www.worldtimes-online.com/news/350-erfundene-krankheiten-der-pharmaindustrie.html

**Anteil der „infizierten“ d. h. testpositiven Personen ohne Symptome**

Ab Kalenderwoche (KW) 45 (Anfang November) wurden die Testkriterien verändert. Im Winter nehmen respiratorische Symptome wie Schnupfen, Halsschmerzen usw. zu. All diese symptomatischen Personen zu testen, hätte die Testkapazitäten überlastet. Der Schwerpunkt der Tests wurde deswegen auf Personen mit schweren respiratorischen Symptomen bzw. Kontaktpersonen von Testpositiven verlagert.[71] Selbst unter den getesteten symptomatischen oder potentiell symptomatischen Personen fand man bei rund 15 Prozent keine Symptome. *„Der Anteil der Fälle mit für COVID-19 relevanten Symptomen liegt seit der KW 38 über 80 %. Im Sommer 2020 (KW 26-36) lag dieser Anteil zwischen 65 und 77 %, da in diesem Zeitraum vermehrt asymptomatische Reiserückkehrer getestet wurden.“*[72] Das weist auf eine erhebliche Dunkelziffer in der Bevölkerung hin (vgl. 3.5). Der größte Teil der Infizierten ist unbekannt. Es ist also durchaus möglich, dass der größte Teil der Infizierten gesund blieb. Eine für Deutschland repräsentative Studie könnte aufklären, wie hoch die Dunkelziffer ist. Doch daran besteht bis heute kein Interesse.

## 3.2 „Jede Person mit positivem PCR-Test ist ansteckend (infektiös)“

Das ist eine Falschmeldung. *„Der PCR-Test detektiert Genabschnitte von SARS-CoV2; er sagt nichts darüber aus, ob es sich um infektionsfähige Viren oder um Virusreste nach durchgemachter Infektion handelt“*, so Prof. Rene Gottschalk, Leiter des Gesundheitsamtes Frankfurt/Main.[73]

Auch die Expertengruppe um Prof. Schrappe stellt fest: *„Ein relevanter Anteil der Personen mit einem positiven PCR-Befund ist nicht infektiös.“*[74] *„Dies betrifft vor allem die zweite Infektionswoche nach Abklingen der Symptomatik.“*[75]

Wenn Viren in den Körper eindringen, werden sie von Abwehrkräften attackiert. Ist das erfolgreich, liegt keine Infektion mehr vor. PCR-Tests schlagen aber positiv auch auf Virusreste nach einer durchgemachten Infektion an. In diesem Fall liegt keine (aktuelle) Infektion vor. Eine Infektion setzt voraus, dass sich Viren vermehren können. Können sie sich vermehren, ist die Viruslast entscheidend, ob jemand infektiös ist. Die Viruslast ist die entscheidende Größe, ob jemand infektiös ist. Sie kann mit dem PCR-Test bestimmt werden. Der PCR-Test (Polymerase Chain Reaction – Polymerase Kettenreaktion) erkennt nach vorherr-

---

71 https://www.rki.de/DE/Content/InfAZ/N/Neuartiges_Coronavirus/Teststrategie/Testkriterien_Herbst_Winter.html

72 Täglicher Lagebericht des RKI vom 5.3.2021, S. 7

73 www.laekh.de/heftarchiv/ausgabe/artikel/2020/oktober-2020/die-covid-19-pandemie-in-frankfurt-am-main-was-sagen-die-daten

74 Thesenpapier 2.0, Kap. 2.1.2; www.bmcev.de/wp-content/uploads/thesenpapier2_corona_200503_endfass.pdf

75 https://www.bundestag.de/resource/blob/790740/6b29a70b28ff5519ebb3fa7275f15bc8/19_14_197-11-_ESV-Schrappe_COVID-19-data.pdf

schender Meinung Genschnipsel des SARS-CoV-2-Virus (Virus-RNA). Da die aus dem Nasen- und Rachenraum entnommenen Proben zum Nachweis des Virus zu klein sind, wird die entnommene Virus-RNA vervielfältigt. Der so genannte Ct-Wert (*cycle-threshhold* - Zyklenschwelle) zeigt an, wie viele Zyklen, d. h. Vervielfältigungen nötig sind, bis das Virus-Erbgut entdeckt wird. Nach Meinung Drostens könnten eine Million Kopien pro Abstrich die Nachweisgrenze sein. Je nach Labor entspricht das einem Ct-Wert von 27, 28 oder auch von 30.

Je öfter der Nachweis wiederholt werden muss, desto geringer ist die Viruslast. Ab einem Ct-Wert von 30 kann das Robert Koch-Institut keine Viruslast mehr nachweisen, die ausreicht, um infektiös zu sein.[76] Viele Labore melden jedoch positive Fälle mit Ct-Werten über 30 und stoppen die Analyse erst bei 37 oder 40 Zyklen. Erst wenn dann das Virus nicht nachweisbar ist, gilt der Test als negativ. Die Grenze, bis zu der ein Test positiv ist, legen die Labore selbst fest. Sie müssen die Ct-Werte der positiven Tests nicht an die Gesundheitsämter weiterleiten. Bei einer Umfrage von *NDR*, *WDR* und SZ lieferten nur drei Ämter Zahlen: Bei 20 bis 60 Prozent der positiv Getesteten lag der Ct-Wert über 30. Sie konnten vermutlich niemanden anstecken, wurden aber trotzdem in Quarantäne geschickt.[77] Wir *„könnten ... längst wissen, wer wie stark ansteckend ist,"* so Jürgen Windeler, Leiter des Instituts für Qualität und Wirtschaftlichkeit im Gesundheitswesen (IQWiG).[78] Aber „wir" (wer ist das?) wollen es offensichtlich nicht wissen.

Prof. Drosten empfahl bereits im September 2020 den Gesundheitsämtern, die Infektiösität von Testpositiven zu prüfen und dazu die Ct-Werte heranzuziehen. Das würde vielen Menschen die Isolation und ihren Familien und Freunden die Quarantäne ersparen. Die Ämter wären entlastet, da Kontakte von nicht Ansteckenden nicht nachverfolgt werden müssten.[79] Drostens Hinweise fanden keine Beachtung.

Dazu kommt: *„Die infektiöse Zeit beginnt zwei Tage vor Symptombeginn und endet, realistisch betrachtet, vier, fünf Tage nach Symptombeginn. Das heißt, der Tag der Befundübermittlung ist meistens schon der letzte oder vorletzte Tag, an dem man überhaupt noch infektiös wäre. Und auch da ist die Viruslast schon ganz schön gering. Und unter dieser Prämisse ist es fast müßig, diesem Menschen zu sagen: „14 Tage zu Hause bleiben." Der ist fast schon gar nicht mehr infektiös."*[80]. Laut einer Metastudie der Universität Oxford berichten sechs von

---

76 www.doccheck.com/de/detail/articles/29845-coronatest-die-krux-mit-dem-ct-wert

77 Irene Habich https://www.rnd.de/gesundheit/corona-test-positiv-aber-nicht-ansteckend-was-bedeutet-der-ct-wert-T24MONDJMNHSDGF5HNQYGVL2LU.html vom 9.12.2020

78 https://www.zeit.de/2020/50/juergen-windeler-coronavirus-test-pcr-iqwig-gesundheitsforschung/komplettansicht?print vom 3.12.2020

79 https://www.tagesschau.de/investigativ/ndr-wdr/gesundheitsaemter-corona-tests-101.html vom 6.9.2020

80 Drosten Coronavirus Update Folge 54 1.09.2020 Ndr.de/coronaupdate S. 15

acht Studien, dass Virenfragmente länger als 14 Tage nachweisbar waren, obwohl das Infektionspotential bereits nach acht Tagen merklich abgenommen hatte.[81]

Die WHO erklärte am 20.1.2021 in einer Informationsnotiz, wenn ein positiver PCR-Test vorliege, aber keine oder nur schwache klinische Symptome, müsse gründlich geprüft werden, ob Infektiösität vorliegt.[82] Ein positiver Test alleine ist also noch kein Nachweis für Infektiösität.

Die WHO hatte bereits im Juni 2020 erklärt, Übertragungen durch Asymptomatische seien sehr selten. Eine im November 2020 veröffentlichte chinesische Studie mit 10 Millionen Teilnehmern fand heraus: *„Es gab keinen Beweis dafür, dass die identifizierten asymptomatischen positiven Fälle infektiös waren."*[83]

Die Infektiösität völlig außer acht zu lassen, hat schwerwiegende Konsequenzen, die SARS-CoV-2 zum Alptraum machen können.

### Viele Hunderttausend ohne Ansteckungsgefahr in Quarantäne

Olfert Landt ist Inhaber der Firma TIB Molbiol, die die PCR-Tests entwickelt hat und Millionen PCR-Tests herstellt. Er schätzt, dass die Hälfte aller positiv Getesteten nicht infektiös ist. Um gefährlich für Dritte zu sein, müsse man *„100-mal mehr Viruslast in sich tragen als die Nachweisgrenze der Tests."* Landt empfahl den Gesundheitsämtern, die Testergebnisse mit einer Bewertung der Infektiösität herauszugeben, bei niedriger Viruslast auf Quarantäne zu verzichten und nur die Reduzierung von Kontakten aufzuerlegen. *„Das traut man sich leider in der Öffentlichkeit nicht"*, sagt er und wünscht sich vom Robert Koch-Institut diesbezüglich *„mehr Mut"*.[84] Wieso braucht man für die Wahrheit Mut? Das RKI hat ihn nicht. *„Patienten mit leichten Symptomen oder Patienten ganz ohne Symptome sollen nach Auffassung des RKI auch bei hohen Ct-Werten nicht eher "entisoliert" werden. Zur Begründung verweist das RKI darauf, dass Ct-Werte je nach Probennahme und Testverfahren variieren können."*[85] Laut § 28 Infektionsschutzgesetz (IfSG) können selbst „Ansteckungsverdächtige" in Quarantäne gesteckt werden. *„Ansteckungsverdächtig ist eine Person, von der anzunehmen ist, dass sie Krankheitserreger aufgenommen hat, ohne krank, krankheitsverdächtig oder Ausscheider zu sein."* (§ 2 Nr. 7 IfSG) Mit vollem Bewusstsein werden nicht-infektiöse Menschen in Quarantäne geschickt.

Am 15.3.2021 waren seit Beginn der Pandemie 2,575 Millionen Fälle positiver Tests aufgetreten; bei der Hälfte von ihnen könnte keine Ansteckungsgefahr bestanden haben. Etwa 1,3 Millionen Personen könnten ohne jeden Sinn in

---

81 https://academic.oup.com/cid/advance-article/doi/10.1093/cid/ciaa1764/6018217

82 https://www.who.int/news/item/20-01-2021-who-information-notice-for-ivd-users-2020-05

83 https://doi.org/10.1038/s41467-020-19802-w vom 20.11.2020

84 https://2020news.de/drosten-partner-landt-viele-infizierte-nicht-infektioes/ vom 23.12.2020

85 Melanie Weiner, https://www.t-online.de/gesundheit/krankheiten-symptome/id_88904670/corona-test-was-verraet-der-ct-wert-ueber-die-ansteckungsgefahr-.html vom 13.11.2020

Quarantäne bzw. häusliche Isolation geschickt worden sein. Um Infektionsketten zu unterbrechen, spüren die Gesundheitsämter auch Kontaktpersonen von Testpositiven nach. Auf jede testpositive Person könnten im Schnitt fünf enge Kontaktpersonen entfallen.[86] Weitere Millionen Menschen könnten also in Quarantäne geschickt worden sein, obwohl sie niemanden anstecken konnten. Bundes- und Landesregierungen steigern die Angst vor Ansteckungen mit Hilfe von Hunderttausenden Tests, die gar keine Ansteckungsgefahr anzeigen. Die Gefährlichkeit des Virus wird gemäß der Schocktherapie des Innenministeriums auch hier übertrieben.

**Inzidenz- und R-Werte gehen von der Infektiösität aller Testpositiven aus.**

Die positiven Tests (genannt „Neuinfektionen") bilden die Grundlage die die 7-Tages-Inzidenzwerte pro 100.000 Einwohner (vgl. 3.3). Dieser Wert soll die Bedrohung, d. h. Die Ansteckungsgefahr durch das Virus anzeigen. Von der Höhe des 7-Tageswerts hängt die Härte der Lockdown-Maßnahmen ab.
Nicht-Ansteckungsfähige halten dazu her, Kontakte von allen zu unterbinden, um Ansteckungen zu verhindern. Welchen Sinn hat das? Auf jeden Fall steigert es Angst. Wenn ein solcher Wert als Grundlage nur die Zahl der Testpositiven hätte, die andere anstecken können, könnte er also eventuell halbiert werden, Mitte März also auf unter 50.
Auch der Reproduktionswert, der R-Wert, beruht auf der falschen Annahme, dass jeder Testpositive andere Personen infizieren könnte (vgl. 3.8). Wenn die Hälfte der positiv Getesteten nicht infektiös sind, würde ein R-Wert von 1 nicht mehr bedeuten, dass 100 Personen 100 weitere Personen anstecken können. Sie könnten nur noch 50 Personen anstecken. Ein R-Wert von 2 würde sich auf einen von 1 reduzieren, einer von 1 auf 0,5. Es erregt Staunen, wie sich Infektionen reproduzieren können, deren Viruslast dafür gar nicht ausreicht. Die Wissenschaft jedenfalls spielt dabei nicht die geringste Rolle.
Die Missachtung realer Infektiösität ist Grundlage von harten Lockdowns. Lockdowns unterbinden millionenfach Kontakte, von denen keinerlei Ansteckungsgefahr ausgeht. Das gesellschaftliche Leben wird in weiten Teilen unter falschen Voraussetzungen stillgelegt. Der beschriebene Sachverhalt ist den Regierenden und ihren Experten in vollem Umfang bekannt. Sie nutzen die daraus entstehende übergroße Angst, um sich als Retter vor Katastrophen darzustellen und Lockdowns zu rechtfertigen.

## 3.3 „Inzidenzwerte des Sommers sind im Winter durchsetzbar"

Seit 6. Mai 2020 steht ein sogenannter Inzidenzwert im Zentrum der Corona-Maßnahmen. Inzidenz bedeutet Fall/Vorfall. Ab einem Wert von 50 neu aufgetretenen „Fällen" = positiven Tests („Neuinfektionen") pro 100.000 Einwohner

86 www.tagesschau.de/investigativ/ndr-wdr/gesundheitsaemter-kontaktpersonen-101.html

innerhalb von 7 Tagen seien laut Merkel die Gesundheitsämter nicht mehr in der Lage, Quarantänen zu überwachen und Kontaktpersonen ausfindig zu machen.[87]

Der Wert 50 wurde am 20.7.2020 im Infektionsschutzgesetz gesetzlich vorgeschrieben. *„Bei Überschreitung eines Schwellenwertes von über 50 Neuinfektionen je 100 000 Einwohner innerhalb von sieben Tagen sind umfassende Schutzmaßnahmen zu ergreifen, die eine effektive Eindämmung des Infektionsgeschehens erwarten lassen. Bei Überschreitung eines Schwellenwertes von über 35 Neuinfektionen je 100 000 Einwohner innerhalb von sieben Tagen sind breit angelegte Schutzmaßnahmen zu ergreifen, die eine schnelle Abschwächung des Infektionsgeschehens erwarten lassen"* (§ 28a Abs. 3 IfSG). Da bei einem Wert über 50 *„umfassende"* Schutzmaßnahmen und bei einem Wert von 35 bis 50 *„breit angelegte"* Schutzmaßnahmen ergriffen werden müssen, sind Lockerungen des Lockdowns erst bei einem Wert unter 35 zulässig.

Schutzmaßnahmen sollen eine *„effektive Eindämmung des Infektionsgeschehens erwarten lassen."* Die reale Wirksamkeit umfassender Schließungen muss also weder untersucht noch nachgewiesen werden. Es reicht, dass sie „erwartet" wird. Obwohl das RKI das Infektionsrisiko z. B. beim Einzelhandel, Zusammenkünften im Freien und Hotels für niedrig hält, und in der Gastronomie für moderat usw. (FAZ 25.2.2021), gibt es ausgerechnet hier massive Verbote und Schließungen.

| KW 10-14 | KW 14-24 | KW 24-37 | KW 37-42 | KW 42-51 | KW 51-53 | KW 1-9 |
|---|---|---|---|---|---|---|
| 2.3.→ 5. 4. 20 | 5.4 → 14. 6. 20 | 14.6.→ 13.9.20 | 13.9.→ 18.10. 20 | 18.10.→ 20.12. 20 | 20.12.20→ 03.01.21 | 4.1.→- 7.3.21 |
| 1,07 → 43,4 | 43,4 → 2,82 | 2,82 → 11,74 | 11,74 → 50,53 | 50,53 → 209,3 | 209,3 → 144,9 | 144,9 → 69 |

Tab. 5: Inzidenzwerte: Positive PCR-Tests in sieben Tagen pro 100.000 Einwohner in 2020/21[88]

Als der Inzidenzwert 50 im Mai 2020 zum obersten Ziel ernannt wurde, fehlte den 380 Gesundheitsämtern überall Personal. Die digitale Ausstattung der Ämter war dürftig, Zettelwirtschaft und Übermittlung per Fax weit verbreitet.[89] Inzwischen ist die Digitalisierung der Ämter weit vorangeschritten, wenn auch nicht einheitlich. Das Personal ist erheblich aufgestockt worden, u. a. durch Bundeswehr. Gesundheitsämter sind jetzt in der Lage, Kontakte auch bei Inzidenzwerten weit über 100, sogar bei über 200 nachzuverfolgen.[90] Trotzdem wird der *„magische Wert"* (FAZ 7.5.2020) von 50 aufrechterhalten. Lockdown-Maßnahmen wurden bis Anfang März

87 https://www.deutschlandfunk.de/weiter-hohe-corona-infektionszahlen-ist-die-orientierung-am.1939.de.html?drn:news_id=1211651 (2.1.2021)

88 https://www.rki.de/DE/Content/InfAZ/N/Neuartiges_Coronavirus/Daten/Altersverteilung.xlsx

89 Corinna Budras, eine Seuche bekämpft man nicht mit dem Fax, FAZ 12.12.2020

90 Corinna Budras, Jan Hauser, Die schaffen das, FAZ 30.1.2021

mit dem Wert 50 begründet, obwohl ihre wichtigste Grundlage, die Unterausstattung der Gesundheitsämter, nicht mehr existiert.
Alle Testpositiven, auch die, die nicht infektiös sind (vgl. 3.2), gehen in den Inzidenzwert ein. Wenn nur die Hälfte der Testpositiven nicht infektiös ist, entspricht ein Inzidenzwert von 50 in der Realität einem von 25. Die Inzidenzwerte sind Falschmeldungen.

### 3.3.1 Inzidenzwert vom Sommer in Herbst und Winter erreichbar?

Der 50er-Inzidenzwert wurde bis Mitte Oktober 2020 unterschritten. Er wurde vom Bundestag gesetzlich für alle Jahreszeiten festgelegt. Er galt als Maßstab für Kontaktverbote auch in Herbst und Winter, obwohl Coronaviren dann wesentlich günstigere Verbreitungsmöglichkeiten haben als im Frühling und Sommer (vgl. 3.7). Der frühere Vizechef des Sachverständigenrats für Gesundheit, Prof. Matthias Schrappe hält den 50er-Wert deswegen für *„ein völlig irreales Ziel. Wir werden das in den Wintermonaten nicht erreichen.“*[91] Deutschland erreichte ihn bis zum Frühlingsanfang am 1. März mit 66 nicht, kam ihm aber in Europa am nächsten. Anfang März hatten alle Nachbarländer Werte zwischen 141 und 256 (Belgien und Frankreich). Ausreißer waren die Schweiz mit 85 und Tschechien mit 805. Auch mit wesentlich härteren Lockdowns kam kaum ein Land unter 100.[92]

### 3.3.2 Inzidenzwerte sind abhängig von der Zahl der Tests

Der Siebentage-Inzidenzwert 50 von 100.000 wurde im Mai (KW 19) beschlossen, als es rund 400.000 Tests gab. Mit Beginn des Herbstes ab KW 36 stieg die Zahl der Tests auf etwa 1,1 Millionen und bis Ende Oktober (KW 44) auf 1,6 Millionen. Die Zahl der Tests wurde seit Mai vervierfacht. Man fand also mindestens viermal so viele „Neuinfektionen“ pro 100.000 Einwohner. Anfang November (KW 45) wurden die Tests auf Personen mit Symptomen bzw. auf Kontaktpersonen von Testpositiven verlagert. So wurden mit 400.000 weniger Tests so viele Testpositive wie Ende Oktober gefunden. Es ist völlig illusorisch, mit einer 3,5 oder 4-fachen Menge an Tests (vgl. 3.4) und einer Konzentration auf Menschen mit Symptomen im Herbst und Winter einen Inzidenzwert durchsetzen zu wollen, der auf der Basis der Lage im Sommer festgesetzt wurde.
Klaus Stöhr, früherer Leiter des Influenza-Programms der WHO und SARS-CoV-1 Forschungskoordinator der WHO, hält deshalb einen Inzidenzwert von 130 Test-

91 www.bild.de/bild-plus/politik/inland/politik-inland/mediziner-rechnet-mit-corona-politik-ab-bevoelkerung-wird-in-dauer-schockzustand-74099790,view=conversionToLogin.bild.html
92 www.corona-in-zahlen-weltweit vom 5.3.2021

positiven auf 100.000 Einwohner für realistisch und vom Gesundheitswesen verkraftbar,[93] die Kassenärztliche Vereinigung einen Inzidenzwert von 136.[94]
Mit Inzidenzwerten, die irreal und unerreichbar sind, können Lockdowns im Winter ausgerufen und je nach Lage verschärft werden. Als Merkel verkündete, die Kontakte zwischen Menschen müssten ab 1. November um 75 Prozent verringert werden, damit der Wert 50 erreicht wird, war der Inzidenzwert 134. In der letzten Kalenderwoche des Jahres (KW 53) lag er bei 145, obwohl er am 16.12.2020 noch verschärft worden war. Zwei Monate Lockdown und keine Wirkung! Ab Januar sank der Siebentageswert. Das wurde als Erfolg verschärfter Lockdown-Maßnahmen ausgegeben. Der größte Teil dieses Erfolgs war jedoch eher der Verringerung der Testzahlen und der rasanten Entwicklung der natürlichen Herdenimmunität zuzuschreiben (vgl. 3.4).

### 3.3.3 Inzidenzwert von 50 von Inzidenzwert 35 abgelöst

Am 10.2.2021 beschlossen die Regierenden in Bund und Ländern, den Lockdown bis zum 7. März fortzusetzen. Der 7-Tage-Inzidenzwert war auf 68 gesunken. Die von Covid-19-Patienten belegten Betten auf ITS waren auf 3.736 abgefallen. Die Gesundheitsämter hatten keine Probleme bei der Nachverfolgung von Kontakten. Trotzdem wurden „Lockerungen“ auf den Zeitpunkt verschoben, an dem der Wert von 35 dauerhaft unterschritten sei.
Ab Februar 2021 wird das Schreckensszenario einer dritten Welle beschworen. Vorne dabei wieder Prof. Drosten.[95] Wenn es vorschnell zu Lockerungen käme, könnten sich innerhalb kürzester Zeit deutlich mehr Leute infizieren. *„Dann haben wir Fallzahlen nicht mehr von 20.000 oder 30.000, sondern im schlimmsten Fall von 100.000 pro Tag.“* Zwar würden sich in diesem Falle vorrangig jüngere Menschen anstecken, die bekanntlich seltener schwer erkranken. Volle Intensivstationen und eine hohe Todeszahl wären trotzdem vorprogrammiert. *„Dieses Szenario könnten wir etwas abfedern, wenn wir die Zahlen jetzt ganz tief nach unten drücken.“* Etwas abfedern! Drosten und andere Meister des „schlimmsten Falles“ sind für die Fortsetzung des Lockdowns, auch wenn der 7-Tage-Inzidenzwert weit unter 35 gefallen ist. Drosten hält es jetzt sogar für erstrebenswert, die Neuinfektionen auf Null zu senken. *„Vor allem weil ich schlimme Befürchtungen habe, was sonst im Frühjahr und Sommer passiert.“*
Auch Mutationen dienen als Argument für die Fortsetzung des Lockdowns. Regierungsberaterin Prof. Melanie Brinkmann prophezeite: *„Die Mutante aus Großbritannien und andere werden uns überrennen, das Virus hat einen Rake-*

93 www.focus.de/corona-virus/vorschlag-inzidenzwert-um-130-halten-epidemiologe-nimmt-lockdown-strategie-auseinander-inzidenz-von-unter-50-ist-wunschdenken_id_12848085.html
94 https://jg-nachgetragen.blog/2020/11/26/corona-dramatische-zweite-welle-oder-herbstlicher-trend/
95 www.merkur.de/welt/coronavirus-deutschland-christian-drosten-virologe-prognose-sommer-2021-sorge-90177006.html vom 4.2.2021

*tenantrieb bekommen.*"[96] Die britische Mutante B.1.1.7 sei um 30-50 Prozent ansteckender als SARS-CoV-2. Als Brinkmann das Anfang Februar äußerte, war Großbritannien längst von B.1.1.7 „überrannt" worden. Ende Dezember hatte ihr Raketenantrieb für einen Verbreitungsgrad von 76 Prozent gesorgt.[97] Der 7-Tage-Inzidenzwert erreichte am 11.1.2021 mit 616 seinen Höhepunkt und fiel bis zum 16.3. auf 60,2[98], obwohl die Mutante inzwischen 90 Prozent aller positiven PCR-Tests ausmachte. Das gleiche gilt für Irland.

Die südafrikanische Mutation führte zu einem Höhepunkt des Inzidenzwerts von 222 am 13. Januar. Dieser fiel dann bis zum 16.3.2021 auf nur noch 14. Die Mutationen dienen als Drohkulisse. Wohlgemerkt die Testpositiven, die den Inzidenzwerten zugrunde liegen, sind zu einem bedeutenden Teil gar nicht infektiös (vgl. 3.2). Die Inzidenzwerte sind deshalb wertlos.

### 3.3.4 Neue Inzidenzwerte: Unter 50, zwischen 50 und 100 und über 100

Bis zum 8. März hieß es, Lockerungen seien im Großen und Ganzen nur möglich unterhalb eines 7-Tage-Inzidenzwertes von 50. Doch die breite Unzufriedenheit in der Bevölkerung und bei Wirtschaftsverbänden zwang die Regierungen zu einer Änderung (FAZ 2.3.2021). Buchhandlungen, Blumengeschäfte und Gartenmärkte sind ab 8. März offen, aber bei einer Inzidenz zwischen 50 und 100 auch Einzelhandelsgeschäfte mit Terminbuchung, frühestens nach Ostern dann auch ohne Terminbuchung. Außengastronomie ab 22.3. mit Terminbuchung und negativem Test usw.[99] Alle Lockerungen ab dem 8. März entfallen, wenn der Inzidenzwert von 100 überschritten wird. Allerdings werden die Lockungen zwischen den Werten 50 und 100 teilweise an neue Bedingungen geknüpft wie tagesaktuelle Selbst – bzw. Schnelltests. So ab 22.3. in der Außengastronomie, Theater, Kino, Konzerte und kontaktfreien Sport innen und Kontaktsport außen, frühestens ab 5. April dann ohne Test. Mehr und mehr werden Aktivitäten außer Haus von Tests abhängig gemacht. Wer dafür zahlt, ist unklar. Ob es ausreichend Tests gibt, ebenfalls. Die Regierenden müssten auf Grund der Prophezeihungen über dritte Wellen und gefährliche Mutanten eigentlich davon ausgehen, dass der Inzidenzwert bis Ostern über 100 steigt, so dass alle Lockerungen entfallen. Die Beschlüsse erzeugen einen grandiosen Flickenteppich, in dem in Grünen Zonen unter 50 Dinge erlaubt sind, die angrenzenden Landkreisen und Städten mit Werten zwischen 50 und 100 nicht erlaubt sind. Das verstärkte Testen als

96 www.focus.de/gesundheit/coronavirus/sie-beraet-angela-merkel-virologin-brinkmann-warnt-vor-mutanten-das-virus-hat-einen-raketenantrieb-bekommen_id_12952147

97 www.businessinsider.de/wissenschaft/corona-mutationen-wie-sich-gen-varianten-in-deutschland-verbreiten-a/

98 www.corona-in-zahlen.de/weltweit/vereinigteskoenigreich/

99 Alle unübersichtlichen Bestimmungen findet man unter https://www.bundesregierung.de/breg-de/themen/coronavirus/corona-diese-regeln-und-einschraenkung-gelten-1734724

Zutrittsausweis nimmt stark zu. Es steigert die Bereitschaft, sich impfen zu lassen, um Tests zu vermeiden.

## 3.4 „Die Zahl der Tests hat keine Bedeutung für die Zahl der Infektionen“

| **Lockdown 23.03.2020** | **KW** | **Tests** | **Steigerung KW 12: KW 11** | **Positive Tests** | **Steigerung KW 12: KW 11** |
|---|---|---|---|---|---|
| 09.03.-15.03. | KW 11 | 127.750 | | 7.456 | |
| 16.03.-22.03. | KW 12 | **373.856** | **+ 293 %** | **25.847** | **+ 347 %** |
| **23.03**.-29.03. | KW 13 | 376.920 | | 33.045 | |
| 30.03.-05.04. | KW 14 | 416.510 | | 37.591 | |
| **Lockdown 1.11. 2020** | **KW** | **Tests** | **Steigerung KW 44: KW 12** | **Positive Tests** | **Steigerung KW 44: KW 12** |
| 28.09.-04.10. | KW 40 | 1.129.127 | | 19.930 | |
| 05.10.-11.10. | KW 41 | 1.218.988 | | 30.220 | |
| 12.10.-18.10. | KW 42 | 1.284.349 | | 46.000 | |
| 19.10.-25.10. | KW 43 | 1.445.463 | | 80.097 | |
| 26.10.-01.11. | KW 44 | **1.663.992** | **+445 %** | **118.111** | **+457 %** |
| **02.11.-08.11.** | KW 45 | 1.634.729 | | 128.537 | |
| 09.11.-15.11. | KW 46 | 1.467.454 | | 128.986 | |
| 16.11.-22.11. | KW 47 | 1.400.145 | | 131.185 | |
| 23.11.-29.11. | KW 48 | 1.381.117 | | 128.882 | |
| 30.11.-06.12. | KW 49 | 1.395.790 | | 138.305 | |
| 07.12.-13.12. | KW 50 | 1.516.038 | | 169.520 | |
| **Rückgang** | **KW** | **Tests** | **Rückgang KW 51: KW 4/7** | **Positive Tests** | **Rückgang KW 51: KW 4** |
| 14.12.-20.12. | KW 51 | **1.672.330** | | **188.283** | |
| 21.12.-27.12. | KW 52 | 1.091.427 | | 141.427 | |
| 28.12.-03.01. | KW 53 | 0.844.502 | | 129.872 | |
| 04.01.-10.01. | KW 1 | 1.227.527 | | 157.569 | |
| 11.01.-17.01. | KW 2 | 1.184.400 | | 123.851 | |
| 18.01.-24.01. | KW 3 | 1.100.346 | | 109.391 | |
| 25.01.-31.01. | KW 4 | 1.116.314 | **-33,2 %** | 95.187 | **- 49,4 %** |
| 01.02.-07.02. | KW 5 | 1.096.557 | | 82.250 | |
| 08.02.-14.02. | KW 6 | 1.051.925 | | 67.377 | |
| 15.02.-21.02. | KW 7 | 1.087.897 | | 65.265 | |
| 22.02.-28.02. | KW 8 | 1.135.355 | **- 32,1 %** | 69.265 | **- 63,4 %** |
| | | **45.114.160** | | 2.685.583 | |

Tab. 6: Beeinflussung der Zahl der Testpositiven durch die Zahl der Tests[100]

100 https://www.rki.de/DE/Content/InfAZ/N/Neuartiges_Coronavirus/Daten/Testzahlen-gesamt.xlsx

Täglich wird die Zahl der Fälle mit positiven PCR-Tests („Neuinfektionen") bekannt gegeben, jedoch meist ohne Bezug auf die Zahl der Tests. Das ist eine statistische Manipulation, die den falschen Eindruck erweckt, dass es nicht von der Zahl der Tests abhängt, wie hoch die „Neuinfektionen" sind. *„Die Zahl der Neuinfektionen ist zwar wichtig, ..., aber sie ist nur ein Parameter, der von der Testfrequenz und – verfügbarkeit abhängt,"* so die Virologin Prof. Dr. Protzer (TU München).[101] Infektionszahlen ohne Verweis auf Testzahlen sind Falschinformationen.

**Mit höheren Testzahlen Lockdowns rechtfertigen**

Mit einer um 293 Prozent höheren Zahl der Tests in KW 12 gegenüber KW 11 stieg die Zahl der positiven Tests um 347 Prozent, d. h. nahezu parallel. Das diente der Rechtfertigung des ersten Lockdowns. Mit einer um 445 Prozent höheren Zahl der Tests in KW 44 gegenüber denen in KW 12 stieg die Zahl der positiven Tests um 457 Prozent, d. h. wieder parallel. Das diente der Rechtfertigung des zweiten Lockdowns. Mit der Verminderung der Tests um ein Drittel bis Ende Januar sank die Zahl der Testpositiven um 49,4 Prozent. Der Rückgang könnte also zu zwei Dritteln auf das Konto der Tests gehen, bis Ende Februar dann nur noch zur Hälfte.

Ab KW 46 werden vor allem Personen mit schweren Symptomen und deren Kontaktpersonen für Tests herausgefiltert, aber auch Personen bestimmter Risikogruppen mit leichten Symptomen usw.[102] Auf diese Weise wurden gegenüber der KW 45, der ersten Novemberwoche, bis zur Woche vor Weihnachten (KW 51) bei etwa gleich bleibender Zahl von Tests auf Grund der Änderung der Testkriterien rund 50 Prozent mehr Testpositive entdeckt.

Andererseits sind mit der gleichen Zahl an Tests auch weniger Testpositive gefunden worden. Von KW 46 bis KW 53 gab es je 100 Tests im Schnitt 11 Prozent Testpositive. Von KW 1/2021 bis KW 8 nur noch 8,5 Prozent. Eine Ursache könnte sein, dass die Verbreitung des Virus durch die sprunghafte Ausdehnung der natürlichen Immunität erheblich eingeschränkt worden ist (vgl. 5.1).

Seit Ende 2020 werden verstärkt Antigen-Tests als Vortests eingesetzt. Nur wenn sie positiv ausschlagen, ist ein PCR-Test verpflichtend. Wenn sie negativ ausschlagen, wird erwartet, dass auch PCR-tests negativ sind. Die negativen Antigen-Tests gehen nicht in die Teststatistik ein. Mit immer mehr Tests findet man relativ dazu immer weniger Testpositive, zeigt aber die Zahl der Tests nicht in vollem Umfang an. Das verfälscht die Statistik enorm.

101 FAZ 7.10.2020 V11

102 www.rki.de/DE/Content/InfAZ/N/Neuartiges_Coronavirus/Teststrategie/Testkriterien_Herbst_Winter.html

## 3.5 „2,9 Prozent der Infizierten sind gestorben"

Üblicherweise werden Infection Fatality Rates (IFR) bzw. Sterberaten, d. h. das Verhältnis von Testpositiven zu an oder mit Corona Gestorbenen, von der Zahl der Testpositiven abhängig gemacht. Die Sterberate der Corona-Pandemie vom 15.3.2021 beträgt 2,85 Prozent (vgl. 2.5 und 5.1).

Um die tatsächliche Sterberate festzustellen, muss jedoch erforscht werden, wie viele Menschen sich infiziert haben, ohne durch einen Test erfasst zu werden. Die Zahl dieser Infektionen liegt im Dunkeln, daher der Name Dunkelziffer. Sterberaten ohne Berücksichtigung der Dunkelziffer sind Falschmeldungen.

Ende März 2020 erklärte Prof. Gerd Antes - der führende Experte für Medizinstatistik - über die Zahlen, die dem ersten Corona-Lockdown zugrunde lagen: *„Die Zahlen sind absolut unzuverlässig,"* und: *„Wir wissen nicht, wie viele Menschen sich bislang mit dem neuen Coronavirus infiziert haben und wie viele jeden Tag hinzukommen. Außerdem ist unklar, wie viele Menschen ursächlich an einer Infektion sterben."*[103] Ein Jahr später, im zweiten Lockdown, wissen wir es immer noch nicht. Um mehr zu wissen, wäre eine ausreichend große repräsentative Stichprobe der Bevölkerung Deutschlands notwendig, die über einen längeren Zeitraum mit Blutuntersuchungen die Verbreitung von Antikörpern untersucht, die überwundene Infektionen anzeigen. Doch *„Kohorten-Studien, die wir heute national und auch regional (z. B. in Großstädten) bräuchten*, (sind) *gegen jeglichen fachlichen Rat unterblieben."*[104] Die Bundesregierung und ihre zuständige Behörde Robert-Koch-Institut zeigen daran bis heute kein Interesse. Das Innenministerium Seehofers und sein Expertenteam behauptete im März sogar, dass es auf Grund der Lage in Südkorea keine erhebliche Dunkelziffer geben würde. Ist Südkorea wirklich überall? Keine Untersuchung über die Verbreitung von Infektionen anzustellen, hat für die Regierenden den „Vorteil", dass überhöhte Zahlen veröffentlicht werden, die die gewünschte Angst erzeugen. Die Regierenden haben keine Ahnung. Aber geben vor, Bescheid zu wissen.

### 3.5.1 Bisherige Untersuchungen der Dunkelziffer

In der Slowakei wurden im November 2020 3,6 Millionen Personen der rund 5 Millionen Einwohner mit Antigen-Tests getestet (SZ 17.11.2020). 38.000 Personen wurden als infiziert getestet, die vorher nicht erfasst waren, d. h. ein Prozent der Bevölkerung.

Übertragen auf das Deutschland der zweiten Novemberwoche mit 125.000 Testpositiven unter 1,4 Millionen Getesteten wäre die Infektionshäufigkeit bei der übrigen Bevölkerung (81,6 Millionen) bei einem Prozent etwa 816.000. Das hieße, 6-7 mal mehr Menschen als die zu diesem Zeitpunkt positiv Getesteten

---

103 https://www.spiegel.de/wissenschaft/medizin/coronavirus-die-zahlen-sind-vollkommen-unzuverlaessig-a-7535b78f-ad68-4fa9-9533-06a224cc9250 vom 31. März

104 http://www.matthias.schrappe.com/index_htm_files/Thesenpap6_201122_endfass.pdf

wären infiziert.[105] Prof. Lauterbach (SPD) kontert: Die hohe Dunkelziffer, die hier angenommen werde, *„gibt es in Deutschland nicht"*, weil mehr getestet werde als in anderen Ländern.[106] Prof. Wieler (Präsident des RKI) sieht das anders. *„Da nicht mehr alle Ansteckungsketten verfolgt werden können, steigt Wieler zufolge die Dunkelziffer an Infizierten. Es gebe schätzungsweise etwa vier bis fünf Mal mehr Ansteckungen als bekannt. Die Kapazitäten vieler Gesundheitsämter seien erschöpft, viele Kontaktpersonen würden zu spät informiert."*[107] *„Aktuell kann nur in wenigen Fällen das Infektionsumfeld noch ermittelt werden,"*[108] erklärt das RKI.

### 3.5.2 Bisherige Antikörperstudien

Antikörperstudien sind zuverlässiger als Antigen-Tests. Die Seropositivität gibt den Prozentsatz der Menschen an, bei denen Antikörper nachgewiesen wurden. An einer Antikörperstudie des Tropeninstituts am Klinikum der Ludwig-Maximilians-Universität München nahmen vom 5. April bis 10. Juni 2020 mehr als 5.300 MünchnerInnen über 14 Jahren teil. Sie ergab, dass bis Juni 2020 vier mal mehr Menschen in München mit dem Virus infiziert waren als über positive PCR-Tests dem Gesundheitsamt bekannt waren. Bei 1,7 Prozent der Münchener Bevölkerung wurden Antikörper festgestellt.[109] Die Sterberate lag bei 0,47 Prozent.

Andere Antikörperstudien in *hotspots* wie Heinsberg und Ischgl ergaben zu ähnlichen Zeitpunkten, dass die Zahl der insgesamt Infizierten, fünf mal so hoch war wie die der positiv Getesteten. Die Sterberate in Heinsberg unter Einschluss der Untersuchten, die symptomfrei waren, betrug 0,24-0,26 Prozent. In Ischgl waren 6-7 mal so viele Menschen infiziert wie testpositiv. Die Sterberate war 0,32 Prozent.[110] Eine Antikörperstudie in Spanien ergab, dass nur 19,5 Prozent der Personen mit positivem Antikörpernachweis positiv getestet waren. Die Dunkelziffer der Infizierten betrug das Fünffache.[111] Da eine repräsentative Untersuchung in Deutschland bislang aussteht, gehen wir davon aus, dass die Dunkelziffer der Infizierten etwa fünfmal so hoch ist wie die der Testpositiven. Eine zweite Antikörperstudie in München zeigte allerdings, dass sich bis November 2020 die Zahl der Münchener mit Antikörpern auf 3,3 Prozent erhöht hatte. Positive PCR-Tests wiesen nur 1,5 Prozent der Münchener auf.[112] Die Dunkelziffer betrug in hier demnach nur noch das Zweifache.

---

105 Schrappe ebd. S. 3

106 https://www.zdf.de/nachrichten/zdfheute-live/videos/schrappe-corona-kritik-video-100.html

107 https://www.mdr.de/nachrichten/panorama/rki-wieler-corona-lage-stabilisierung-sachsen-dunkelziffer-100.html vom 19.11.2020

108 www.rki.de/DE/Content/InfAZ/N/Neuartiges_Coronavirus/Risikobewertung.html

109 https://www.swp.de/panorama/muenchen-corona-studie-zahlen-in-muenchen-fuenfmal-mehr-infizierte-als-bisher-bekannt-52924518.html

110 vgl. Frankl/Roth/Weißert, Frankfurt(M.) 2020, S. 23

111 Schrappe u. a. 2020, S. 29

112 https://www.stern.de/gesundheit/grosse-antikoerper-studie--rund-3-prozent-der-muenchner-bisher-mit-corona-infiziert-9544892.html

Die Zahl der „Genesenen", d. h. derjenigen, die eine Infektion überstanden und folglich Antikörper gebildet haben müssten (vgl. 5.1), stieg von 400.000 Anfang November 2020 auf 2,365.100 Millionen Mitte März 2021. Mitte März waren (ohne Dunkelziffer) also mindestens 2,8 Prozent der Bevölkerung in Deutschland immun. Je nach dem Ausmaß der Dunkelziffer könnten also schon bis 14 Prozent der Bevölkerung gegen SARS-CoV2 immun sein.

### 3.5.3 Metastudie der WHO vom Oktober 2020

Das Bulletin der WHO veröffentlichte am 14.10.2020 die Ergebnisse einer Metastudie von Prof. Ioannidis, die 61 Antikörperstudien aus einer großen Anzahl von Ländern zusammenfasst.[113] Danach lag die Sterberate (Infection Fatality Rate - IFR) bei der Hälfte der Fälle unter 0,23 Prozent, in der anderen Hälfte darüber. Die Ergebnisse schwankten zwischen 0,00 % und 1,63 %. Die IFR unter Einbeziehung der Dunkelziffer errechnet sich aus dem Verhältnis der Infizierten (Personen mit Antikörpern) zu den an oder mit Corona Gestorbenen in der entsprechenden Region. Sie gibt die Wahrscheinlichkeit an, an Covid-19 zu sterben. Die IFR ist nicht einheitlich. Sie hängt von regional unterschiedlichen Faktoren ab, dem Altersaufbau der Bevölkerung, der sozialen und gesundheitlichen Lage insbesondere der unteren Schichten, der Qualität des Gesundheitswesens, der Lage der Pflegebedürftigen, aber auch der Zahl der Tests usw.

### 3.5.4 WHO nimmt eine weltweit hohe Dunkelziffer an

Michael Ryan, Direktor des Weltnotstandsprogramm der WHO sagte Anfang Oktober: *„Momentan ist unsere beste Schätzung, dass zehn Prozent der Weltbevölkerung mit dem Virus infiziert gewesen sein könnten.*"[114] Anfang März 2021 umfasste die Weltbevölkerung 7.860 Millionen Menschen. Wenn zehn Prozent von ihnen infiziert gewesen sein könnten, gäbe es 786 Millionen Infizierte. Weltweit gab es Anfang März 2021 jedoch nur 116 Millionen Testpositive. Die weltweite Dunkelziffer würde also etwa das Siebenfache betragen. 2,57 Millionen Menschen wären dann mit oder an SARS-CoV-2 verstorben. Beziehen wir die testpositiv Verstorbenen auf die geschätzte Zahl der weltweit Infizierten (einschließlich der Dunkelziffer), ergibt sich eine Letalität von 0,33 Prozent.[115] Beziehen wir – wie allgemein üblich - die Verstorbenen (ohne Bezug auf die Dunkelziffer) nur auf die Zahl der Testpositiven, war die Letalität Anfang März 2021 2,2 Prozent. Je mehr der Umfang der Dunkelziffer erfasst wird, desto mehr sinkt die Letalität. Sie würde auch sinken, wenn die Zahl der mit oder an SARS-CoV-2 Verstorbenen auf die an diesem Virus tatsächlich Verstorbenen reduziert würde (vgl. 4.3).

---

113 https://www.who.int/bulletin/online_first/BLT.20.265892.pdf

114 https://correctiv.org/faktencheck/2020/10/20/nein-die-who-hat-nicht-bestaetigt-dass-covid-19-weniger-schlimm-als-eine-grippe-sei/

115 https://ourworldindata.org/coronavirus-data

## 3.6 „Zweite ‚Welle' ist schlimmer als die erste"

Als die erste Welle auslief, kritisierte Kanzlerin Merkel die „Öffnungsdiskussionsorgien" und ihr Chefberater Drosten warnte vor einer extrem gefährlichen zweiten Coronavirus-Infektionswelle.[116]

Wenn sich das Virus wieder exponentiell verbreiten würde, könnte die Pandemie außer Kontrolle geraten, warnte er. *„Dann haben wir Situationen, dass Tanklastwagen eben durch Straßen fahren mit Desinfektionsmitteln, weil das dann noch Maßnahmen sind, wo man in aller Verzweiflung noch versucht, etwas obendrauf zu setzen."* Das zeige das Beispiel der Spanischen Grippe von 1918. Die Spanische Grippe habe gezeigt, dass in einer zweiten Welle Millionen mehr Menschen erkranken und sterben als in der ersten. An den Folgen der „Spanischen" Grippe starben allein in Deutschland geschätzt mehr als 400.000 Menschen.[117] Die Warnung vor einer „Herbstwelle" nach Art der spanischen Grippe wurde schon im Drehbuch des Innenministeriums vom März 2020 empfohlen, um Panik zu erzeugen. Die entscheidenden Kriterien für die Beurteilung der Schwere der Folgen von SARS-CoV-2 sind die Zahlen der Hospitalisierten und vor allem der Todesfälle, jeweils bezogen auf die Testpositiven. Diese Prozentsätze waren in der zweiten „Welle", wie die Abbildung zeigt, deutlich niedriger als in der ersten. Trotzdem erscheint die zweite „Welle" als wesentlich bedrohlicher, weil die Zahl der Testpositiven erheblich höher ist.

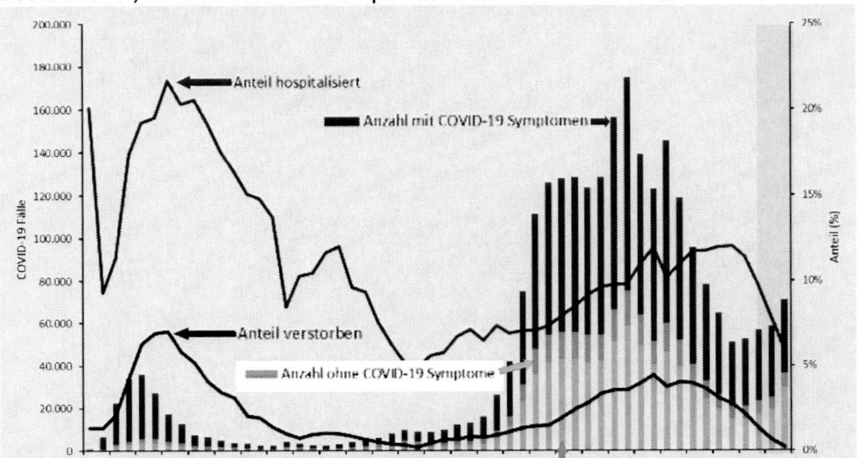


Jüngeren, insbesondere bei Kindern führen in Deutschland eher nicht zu einer

116 www.n-tv.de/panorama/Drosten-warnt-vor-zweiter-Corona-Welle-article21726926.html

117 Tod durch Grippe. In: Der Spiegel. Nr. 48, 2018 (online).

118 www.zdf.de/nachrichten/panorama/corona-deutschland-dritte-welle-rki-wieler-100.html

Überlastung der ITS-Stationen. (Angaben über die Altersverteilung auf ITS-Stationen sind leider nicht verfügbar.)

| | | | | | |
|---|---|---|---|---|---|
| KW 12 | 2,13 | KW 46 | 1,90 | KW 1 | 3,70 |
| KW 13 | 4,31 | KW 47 | 2,41 | KW 2 | 4,00 |
| KW 14 | 6,26 | KW 48 | 2,81 | KW 3 | 3,91 |
| kW 15 | 6,90 | KW 49 | 3,35 | KW 4 | 3,50 |
| KW 16 | 7.01 | KW 50 | 3,53 | KW 5 | 2,94 |
| KW 17 | 5,82 | KW 51 | 3,53 | KW 6 | 2,50 |
| KW 18 | 5,17 | KW 52 | 3,92 | KW 7 | 1,74 |
| KW 19 | 4,09 | KW 53 | 4,41 | KW 8 | 0,83 |
| | | | | KW 9 | 0,22 |

KW 12 bis 19 sind die Kalenderwochen vom 16.3. bis 19.5.; die von KW 47 bis 53 sind die Kalenderwochen vom 16. November bis 31.12.; von KW 1 bis 9/2021 die Kalenderwochen bis 7. März.

Tab. 7: Sterberate (mit oder an SARS-CoV-2 Verstorbene als Anteil der Testpositiven) in Prozent[119]

**Überlegungen zu den 2021 sinkenden Zahlen der „Corona-Toten"**

Nach Weihnachten (ab KW 52) bis Ende Februar blieben die Testzahlen etwa gleich (vgl. 3.4). Die positiven PCR-Tests sanken um die Hälfte und mit ihnen auch die Inzidenzwerte. Die Zahl der Todesfälle sank ebenfalls erheblich. Drastisch sinkende Infektions- und Todeszahlen sind laut WHO ab Januar weltweit zu beobachten.[120] Zum spürbaren Rückgang der Zahl der Todesfälle könnte beigetragen haben, dass ab Januar/Februar 2021 Pflegekräfte, externe Arbeitskräfte und BesucherInnen in stärkerem Umfang getestet werden, so dass die Infektionen der HeimbewohnerInnen deutlich zurückgingen und ebenso die daraus resultierenden zahlreichen vorzeitigen Todesfälle in Dezember und Januar.

| | nach Sterbedatum | nach Meldedatum |
|---|---|---|
| Oktober 2020 | 1.465 | 967 |
| November 2020 | 8.396 | 5.796 |
| Dezember 2020 | 21.428 | 16.823 |
| Januar 2021 | 20.969 | 23.874 |
| Februar 2021 | 5.458 | 13.100 |

Tab. 8: Todesfälle mit oder an SARS-CoV-2[121]

Bis zu einem gewissen Grad hängt diese Entwicklung auch mit den Impfungen zusammen. Ende Februar hatten etwa 2 Millionen Menschen die zweite Impfung erhalten, Ende Januar erst 460.000. Dadurch haben mehr Menschen Immunität erworben. Am 10. März waren zwei Drittel der BewohnerInnen der Pflegeheime vollständig geimpft (FAZ 16.3.2021).

119 www.rki.de/DE/Content/InfAZ/N/Neuartiges_Coronavirus/Daten/Klinische_Aspekte.xlsx

120 https://web.de/magazine/news/coronavirus/corona-mutationen-hinweis-pandemie-schneller-gedacht-35570080

121 www.rki.de/DE/Content/InfAZ/N/Neuartiges_Coronavirus/Projekte_RKI/COVID-19_Todesfaelle.xlsx; Das Sterbedatum liegt drei Wochen vor dem Meldedatum.

Eine bedeutende Rolle spielt allerdings, dass die enorme Zahl der Testpositiven („Neuinfektionen") seit Oktober zu einem sprunghaften Anstieg der natürlich erworbenen Immunität geführt hat. Während am 31.10.2020 erst 351.000 Menschen „genesen" waren, waren es Ende Januar schon 1,921 Millionen, etwa 1,6 Millionen Menschen mehr. Wenn wir von einer Dunkelziffer Infizierten vom fünffachen ausgehen, haben von November bis Ende Januar 8 Millionen Menschen Immunität erworben, erheblich mehr, als durch die bis dahin erfolgten Impfungen immun geworden sind. Die Immunität von HeimbewohnerInnen dürfte schon vor dem Beginn der Impfungen Ende Dezember erheblich angestiegen sein.[122]

Statt der angekündigten Hunderttausenden Toten bzw. überfüllten Krankenhäuser scheint das Hauptergebnis der „zweiten Welle" eher gewesen zu sein, dass Millionen Menschen auf „natürlichem Weg" Immunität erworben haben (vgl. 5.1). Bei der ausgerufenen Dritten Welle könnte es ähnlich sein.

## 3.7 „Die Pandemie hat keinen saisonalen Verlauf"

Die Corona-Pandemie verläuft scheinbar in Wellen, die wiederum von der Qualität der politisch verfügten Lockdowns abhängen sollen. Lockdowns brechen angeblich die erste Welle, Lockerungen rufen die zweite Welle hervor. Diese wiederum muss erneut mit Lockdowns gebrochen werden, während die dritte Welle und weitere Wellen schon drohen. Wie es zu Wellen kommt, bleibt ungeklärt. Das RKI gesteht zu, dass es saisonale Einflüsse gibt, dachte aber zumindest im Juni 2020 noch, dass Maßnahmen zu Kontaktbeschränkungen und die Befolgung dieser Maßnahmen durch die Bevölkerung eine zweite Welle im Herbst verhindern könnten.[123] Die Regierenden hoffen bis heute den saisonalen Verlauf des Virus verhindern, d. h. unter „Kontrolle" bringen zu können (vgl. 3.3). SARS-CoV-2 folgt jedoch wie andere Corona-Viren und auch Grippeviren einem jahreszeitlichen Verlauf. Das Virus verbreitet sich – wie jedem bekannt - über Tröpfchen bzw. Aerosole. Wärme und Trockenheit erzeugen deswegen für die Verbreitung des Virus ungünstige Bedingungen. Die Verbreitung des Virus wird dadurch geringer, dass sich Menschen im Frühjahr und Sommer mehr im Freien aufhalten und ihre Immunabwehr durch höhere Sonneneinstrahlung, aber auch durch mehr Bewegung stärken. Kälte, höhere Luftfeuchtigkeit, eine Schwächung des Immunsystems in der dunklen Jahreszeit und der verstärkte Aufenthalt in geschlossenen Räumen lassen das Virus wieder aufleben. Tröpfchen und Aerosole, die die Viruslast transportieren, trocknen bei Kälte und hoher Luft-

122 Leider ist nicht bekannt, wie viele Menschen in Pflegeheimen getestet wurden, wie viele davon positiv und wie viele von diesen mit ihrer eigenen Immunabwehr das Virus in die Schranken gewiesen haben.

123 https://www.rnd.de/gesundheit/rki-rechnet-mit-zweiter-dritter-oder-vierter-welle-in-der-corona-pandemie-JDQYWXGEBFF5PPW4YKO5HFMOVA.html

feuchtigkeit weniger schnell ein. Die menschlichen Atemwege sind ferner in Herbst und Winter empfindlicher, wie der jahreszeitliche Verlauf der Atemwegserkrankungen zeigt. Deswegen die *„unvermeidliche Winterwelle“*, so der Epidemiologe Klaus Stöhr, der frühere Direktor des Influenzaprogramms der WHO und Leiter der Impfstoffforschung des Pharmakonzerns Novartis bis 2010.[124]
Eine in Nature erschienene Studie ermittelte Daten des Anstiegs der gemeldeten täglichen neuen Fälle in 18 europäischen Ländern mit einem Breitengrad von 39° bis 62°. Die Studie belegt eine beeindruckende lineare Korrelation mit dem Breitengrad. Das Datum des Länderanstiegs entspricht dem Zeitpunkt, an dem die tägliche UV-Dosis der Sonne unter etwa 34 % derjenigen des 0° Breitengrades fällt. Die geringere tägliche UV-Dosis führt zwischen August und Oktober zu einem saisonalen Vitamin D Konzentrationsabfall von 20-26 %. Viele Studien belegen den Einfluss niedriger Vitamin D-Konzentrationen auf Atemwegserkrankungen, darunter auch bei der Covid-19-Pandemie.[125] Infektionen, Atemwegserkrankungen und Todesfälle folgten schon vor der Corona-Pandemie einem jahreszeitlichen Auf und Ab.[126] In Europa erhöhen Herbst und Winter die Verbreitung des Virus; Frühling und Sommer vermindern sie. Der saisonale Verlauf von SARS-CoV-2 kann nicht ausgerottet werden, weder durch weiche noch durch härteste Lockdowns.

## 3.8 „SARS-CoV-2 ist ein Killervirus“[127]

Die Bundesregierung und ihr Robert-Koch-Institut gehen davon aus, dass sich SARS-CoV-2 gemäß seiner Natur ununterbrochen vermehrt und immer mehr Infektionen, Krankheits- und Todesfälle verursachen würde, wenn man es nicht daran hindert. Mit anderen Worten: SARS-CoV-2 sei von Natur aus ein „Killervirus“. *„Laut Robert Koch-Institut (RKI) liegt die Basisreproduktionszahl für den Erreger SARS-CoV-2 im Generellen und ohne Gegenmaßnahmen zwischen 2,4 und 3,3, das heißt, dass ein Infizierter im Mittel mehr als zwei oder sogar drei weitere Menschen ansteckt.“*[128] Eine solche Vermehrung wird auch als exponentiell bezeichnet.
Der tatsächliche Reproduktionswert oder R-Wert dagegen gibt an, wie sich das Virus konkret reproduziert. Liegt er über 1, stecken 100 Infizierte mehr als 100 weitere Menschen an. Liegt er unter 1, z. B. bei 0,9, stecken 100 Personen nur noch 90 Personen an, die ihrerseits weitere 81 anstecken usw. Die Verbreitung des Virus wird schwächer.

---

124 Die Zeit 15. Oktober 2020

125 https://tkp.at/2021/01/25/der-breitgrad-beeinflusst-ueber-uv-strahlung-den-vitamin-d-spiegel-und-damit-infektionszahlen/ 25.1.2021

126 https://influenza.rki.de/Saisonberichte/2017.pdf seite 100 Abb. 42

127 vgl. Frankl/Roth/Weißert, Frankfurt(M.) 2020, S.24 ff.

128 www.focus.de/gesundheit/news/1-0-oder-1-2-ist-ein-grosser-unterschied-reproduktionszahl-statt-verdoppelung-merkel-praesentiert-wichtige-corona-rechnung_id_11889566.html;

Die Annahme, dass jeder Testpositive andere Personen anstecken kann, ist jedoch eine Falschmeldung (vgl. 3.2), die das Virus gefährlicher macht, als es ist. Es ist durchaus möglich, dass nur jeder zweite Testpositive infektiös ist. Die Basisreproduktionszahl und der R-Wert sind ungeeignet, die reale Ansteckungsgefahr und damit den realen Verlauf von Infektionen zu bestimmen.

**Sinkende Infektionszahlen nur aufgrund der „Maßnahmen"?**

Die **Basis**reproduktionszahl von 2,4 bis 3,3 gilt als die unveränderliche natürliche Vermehrungsrate des Virus. Sinkt der R-Wert unter diesen Basiswert, muss das zwingend auf Gegenmaßnahmen beruhen, vor allem denen von Regierungen.[129] Ein R-Wert unter 1 widerspricht ja der Natur des Virus. Die Regierenden bildeten sich ein, das Virus ab Mitte April dank des Lockdowns unter Kontrolle zu haben. Wie ist jedoch zu erklären, dass Schweden ohne Lockdown ebenfalls im Sommer einen scharfen Rückgang der Infektionszahlen sah.[130]

Michael Ryan, Exekutivdirektor des WHO-Gesundheitsnotfallprogramms, erklärte Mitte Juni 2020 auf dem Tiefpunkt der Infektionszahlen, die Maßnahmen im Kampf gegen das Coronavirus schienen zu wirken. Die Gefährlichkeit des Virus sei jedoch nicht gesunken. Es sei nach wie vor ein „Killervirus".[131] Es lebte ab Mitte September wieder auf. Das konnte nach der Killervirus-Theorie nur auf Fehler von Politikern zurückzuführen sein, d. h. auf zu frühe Lockerungen.

Es steht ja angeblich fest, dass sich das Virus mit Sicherheit exponentiell vermehrt und unzählige Todesfälle verursacht hätte - wenn die Regierung nicht mit Kontaktverboten und Stilllegungen energisch eingeschritten wäre. *„Es ist durch die Maßnahmen gelungen, vorübergehend das exponentielle Wachstum zu stoppen und das Infektionsgeschehen auf hohem Niveau zu stabilisieren"*, lobten sich Bundes- und Landesregierungen z. B. in einer Telefonkonferenz vom 13.12.2020.[132]

Diese angebliche Natur des „Killervirus" zeigte sich bisher nur vom 6.3. bis 10.3. 2020. Nur hier erreichte der Siebentages-R-Wert die Basisreproduktionszahl von 2,34 bis 3,22. Ab dem 11.3. fiel der R-Wert bis zum 21.3. auf 1,04 und pendelte dann bis zum 8.7 (mit einer zweiwöchigen Abweichung über 1) um den Wert 0,9. Ab dem 9.7. vermehrte sich das Virus bis zum 16.12. wieder exponentiell mit Werten zwischen 1,1 und 1,44, um dann ab dem 17.12. bis zum 3.2.2021 wieder auf Siebentages-R-Werte um die 0,9 abzusinken.[133] Die Werte der fünf Tage vom 6. bis 10. März wurden – wie es scheint - als natürliche Basis-

129 www.rki.de/SharedDocs/FAQ/NCOV2019/FAQ_Liste_Infektionsschutz.html#FAQId13985890

130 https://www.corona-in-zahlen.de/weltweit/schweden/

131 www.news.de/panorama/855852295/coronavirus-news-aktuell-italien-arzt-leugnet-corona-pandemie-studie-will-beweisen-dass-sars-cov-2-klinisch-nicht-mehr-existiert/1/

132 https://www.bundesregierung.de/resource/blob/997532/1827366/69441fb68435a7199b3d3a89bff2c0e6/2020-12-13-beschluss-mpk-data.pdf

133 www.rki.de/DE/Content/InfAZ/N/Neuartiges_Coronavirus/Projekte_RKI/Nowcasting_Zahlen.xlsx

reproduktionszahl des Virus verabsolutiert und zur Grundlage von Rechenmodellen erhoben.
Weder Erkrankungen noch Todesfälle hängen vor allem von angeblichen Killereigenschaften des Virus ab. Sie hängen vor allem vom Gesundheitszustand ab und dieser wiederum von der „Gesundheit" der Lebens- und Arbeitsverhältnisse insgesamt und der Qualität des Gesundheitswesens. Krankheiten und Todesfälle sind in bedeutendem Maße nicht „corona"-bedingt, sondern Folgen einer auf Kapitalrenditen ausgerichteten Gesellschaft. Das trifft vor allem auf Menschen über 80 Jahre zu, auf die zwei Drittel der Todesfälle mit oder an SARS-CoV-2 entfallen. Das Virus ist keineswegs an allem schuld.
Im übrigen wird auch übersehen, dass die Natur des Virus statt zu ununterbrochenem Wachstum vor allem zu einer ständigen Einengung seiner Verbreitung führt. Das Virus stößt auf die menschliche Immunabwehr, die den Körper gegen Infektionen mit SARS-CoV-2 immunisiert (vgl. 5.1). Je mehr sich die Immunität verbreitet, desto eher erzeugt das Virus Mutationen, um die Immunabwehr zu umgehen. Das wiederum mobilisiert neue Abwehrkräfte, die den Mutanten zu Leibe rücken. Inwieweit die körpereigene Immunabwehr erfolgreich durch Impfungen ergänzt werden kann, ist noch zweifelhaft (vgl. 7a-7c).

# 4 Behauptungen zum Tod durch SARS-CoV-2

## 4.1 „SARS-CoV-2 führte zu einer Übersterblichkeit in 2020"

Die Prognose von Wissenschaftlern und Bundesregierung war, dass in den **drei** Monaten von Mitte März bis Ende Juni 2020 trotz Gegenmaßnahmen etwa 220.000 Menschen an Covid-19 sterben könnten (BMI 2020, 6). SARS-CoV-2 wurde damit vor allen anderen Krankheiten zur wichtigsten Todesursache in Deutschland hochgerechnet. Tatsächlich gab es in diesem Zeitraum 8.700 mit oder an Corona Gestorbene, nicht 220.000. Ende des Jahres wurden offiziell 39.201 Todesfälle in Zusammenhang SARS-CoV-2 gemeldet. Das „Expertenteam" und die Bundesregierung erzeugten Todesangst mit selbst konstruierten Modellen. SARS-CoV-2 wurde als wichtigste Todesursache hingestellt (vgl. 4.2).

| Jahr | Bevölkerung (Mio) | Februar | März | April | Oktober | November | Dezember | Jan-Dez |
|---|---|---|---|---|---|---|---|---|
| 2016 | 82,5 | 76.619 | 83.668 | 75.315 | 76.001 | 77.050 | 84.339 | 910.899 |
| 2017 | 82,8 | **90.649** | 82.934 | 73.204 | 75.229 | 74.987 | 81.610 | 932.263 |
| 2018 | 83,0 | 85.799 | **107.104** | 79.539 | 74.039 | 74.762 | 80.999 | 954.874 |
| 2019 | 83,2 | 79.646 | 86.739 | 77.410 | 77.006 | 78.378 | 83.329 | 939.520 |
| 2020 | 83,2 | 79.646 | 87.407 | **83.789** | **78.346** | **84.480** | **106.607** | 982.489 |
| | | | | | | | | |
| **an/mit „Corona"** | | | 1.122 | 6.043 | 1.446 | 8.185 | 20.043 | **39.201** |
| 2016-19 | | **83.178** | **90.111** | 76.367 | 75.569 | 76.294 | 82.444 | 934.389 |

Tab. 9: Sterbefälle 2016-2020. Dashboard wöchentliche Sterbefallzahlen („an/mit Corona")[134]

Nach den Zahlen des Statistischen Bundesamtes haben wir 2020 mit 982.489 Toten eine Übersterblichkeit von 48.100 Personen im Verhältnis zum Durchschnitt der vier Jahre 2016-19, d. h. von 5,1 Prozent. Im Verhältnis zu den drei Jahren von 2017 bis 2019 (942.219 Todesfälle im Schnitt) schrumpft diese Übersterblichkeit auf 40.270 oder 4,3 Prozent.

### Altersentwicklung der Bevölkerung entscheidend

Die Übersterblichkeit in 2020 betrifft ausschließlich Personen über 80 Jahre. Sie ist vor allem eine Folge der Veränderung der Altersstruktur, also der Entwicklung der „normalen" Sterblichkeit einer alternden Bevölkerung. Durchschnittlich starben in den Jahren 2016 bis 2019 jedes Jahr 520.839 Menschen, die über 80 Jahre alt waren, 2020 waren es zu erwartende 576.646 Personen[135] oder

134 https://www.destatis.de/DE/Themen/Gesellschaft-Umwelt/Bevoelkerung/Sterbefaelle-Lebenserwartung/Tabellen/sonderauswertung-sterbefaelle-pdf.pdf;

135 https://service.destatis.de/bevoelkerungspyramide/#!y=2020, eigene Berechnung

55.807 Personen mehr. Der Münchener Statistiker Prof. Göran Kauermann verweist darauf, dass z. B. der Jahrgang 1940 ein besonders geburtenstarker Jahrgang war. *„2020 seien daher fast 50.000 Tote mehr zu erwarten gewesen als im Durchschnitt der Jahre 2016-2019."*[136] Je größer der Anteil alter Menschen an der Bevölkerung ist, desto mehr Sterbefälle gibt es. Die gestiegenen Sterbefälle sollten *„nicht leichtfertig als Übersterblichkeit interpretiert werden"*, so Kauermann weiter.

2020 starben 42.969 Personen mehr als 2019. Davon entfielen, einer Pressemitteilung des Statistischen Bundesamtes zufolge, 41.152 Todesfälle auf die Altersgruppe der über 80-Jährigen. Lediglich 1.817 Verstorbene waren jünger als 80 Jahre.[137] Für Personen, die jünger als 80 Jahre sind, gibt es 2020 offensichtlich keine Übersterblichkeit.[138] Hier muss die Sterblichkeit zurückgegangen sein.

| Jahr | I Bevölkerung (Mio.) | II über 80-Jahre (Mio.) | II zu I in % | Verstorben | ... in % |
|---|---|---|---|---|---|
| 2016 | 82,5 | 4,7 | 5,7 | 493.160 | 10,4 |
| 2017 | 82,8 | - | - | 517.808 | - |
| 2018 | 83,0 | 5,3 | 6,4 | 536.895 | 10,1 |
| 2019 | 83,2 | 5,7 | 6,9 | 535.494 | 9,4 |
| 2020 | 83,2 | 5,9 | 7,1 | 576.646 | 9,8 |
| | +0,7 Mio. | +1,2 Mio. | +24,6 % | | |

Tab. 10: Altersaufbau Deutschland[139]

Es fällt ins Gewicht, dass es 2020 gegenüber 2016 etwa 1,2 Millionen mehr Personen gab, die über 80 Jahre alt waren. Das Statistische Bundesamt erkennt diese Veränderungen durchaus: *„Neben den direkten und indirekten Folgen der Covid-19-Pandemie können auch Verschiebungen der Altersstruktur der Bevölkerung zu überdurchschnittlichen Sterbefallzahlen beitragen."*[140] Sie „können" nicht nur, sie haben, und zwar überwiegend. Für 2020 registrierte das RKI 21.128 „Covid-19-Todesfälle" von über 80-Jährigen.[141] Nur ihnen können direkte oder indirekte Folgen der Pandemie zuzurechnen sein.

136 www.focus.de/gesundheit/news/massive-kritik-an-pandemie-behoerde-statistiker-holt-zur-rki-schelte-aus-corona-daten-eine-einzige-katastrophe_id_12927819.html vom 31.1.2021

137 www.nachdenkseiten.de/?p=69639 vom 9.2.2021

138 www.destatis.de/DE/Presse/Pressemitteilungen/2020/12/PD20_536_12621.html

139 https://de.statista.com/statistik/daten/studie/1351/umfrage/altersstruktur-der-bevoelkerung-deutschlands/ DeStatis Jahrbücher; https://www.destatis.de/DE/Themen/Gesellschaft-Umwelt/Bevoelkerung/Sterbefaelle-Lebenserwartung/Tabellen/sonderauswertung-sterbefaelle-pdf.pdf; https://service.destatis.de/bevoelkerungspyramide/#!y=2020

140 https://www.tagesschau.de/inland/uebersterblichkeit-103.html vom 30.12.2020

141 Täglicher Situationsbericht RKI 29.12.2020; an oder mit Sars-CoV-2 Verstorbene werden zu an Covid-19 Verstorbenen umgefälscht (vgl. 4.3).

Zu den direkten Folgen gehört, dass viele tausend PflegeheimbewohnerInnen in Folge des regierungsamtlichen Desinteresses an einem besonderen Schutz der HeimbewohnerInnen vorzeitig gestorben sind. Die schrecklichen Folgen dieses Desinteresses zeigten sich besonders in dem drastischen Anstieg der Todeszahlen von Pflegebedürftigen ab November bis Ende Februar (vgl. 2.1). Ab Anfang November stiegen die 7-Tage-Inzidenzwerte von über 80-Jährigen über den Durchschnitt.[142] Vorher lagen sie deutlich darunter. Unter der Annahme, dass ihre Inzidenzwerte bei ausreichenden Schutzmaßnahmen denen der Gesamtbevölkerung hätten entsprechen können, *„wären seit Anfang November* (bis Mitte Januar 2021) *anstatt der registrierten ca. 37.000 Todesfälle nur ca. 20.000 zu beklagen gewesen. Geht man von der unterdurchschnittlichen Inzidenz der Altersgruppe zwischen 65 und 80 Jahren aus, wären es sogar nur etwa 10.000 Todesfälle gewesen.“*[143] Die Inzidenzwerte von über 80-Jährigen blieben auch noch in der letzten Februarwoche überdurchschnittlich. Von einem effektiven Schutz dieser „Hochrisikogruppe“ konnte überhaupt keine Rede sein.
Die Konzentration der Intensivstationen auf die gewinnträchtige künstliche Beatmung von Covid-19-Patienten könnte 2020 das Leben von mindestens 6.000 Personen vorzeitig beendet haben (vgl. 2.7). Zu den tödlichen Folgen von Intubationen bei ambulanter Versorgung von Pflegebedürftigen gibt es keine Angaben.
Ferner können auch die „indirekten“ Folgen der Pandemie (unnötig verschobene oder nicht wahrgenommene Operationen und Behandlungen) zu höheren Todeszahlen geführt haben.
Die 21.128 „Corona-Toten“in 2020, die 80 Jahre und älter waren, können vollständig durch Maßnahmen zur Bekämpfung von SARS-CoV-2 erklärbar sein.
Die 2020 im Vergleich zum Durchschnitt der Jahre 2016-19 höheren Sterbefälle dem gefährlichen Virus zur Last zu legen, ist ganz einfach eine weitere Falschmeldung, die dazu herhält, erhebliche Stilllegungen des öffentlichen und privaten Lebens als alternativlos darzustellen.

## 4.2 „Corona ist die größte Gefahr für Gesundheit und Leben“

Regierung, RKI und Medien kumulierten während der Lockdowns lange Zeit täglich die Zahl der „mit oder an Corona“ Verstorbenen. Verbunden mit eindrucksvollen Bildern von Covid-19-Kranken auf Intensivstationen und Särgen, erzeugte das die *„gewünschte Schockwirkung“* (vgl. 1) und rief Todesängste hervor.
Jede Krankheit, die schwer verläuft und zum Tode führen kann, ist gefährlich. Daraus folgt zwingend, dass Krankheiten, die erheblich häufiger zum Tode führen, gefährlicher sind als andere.

---

142 https://www.rki.de/DE/Content/InfAZ/N/Neuartiges_Coronavirus/Daten/Altersverteilung.html
143 Prof. Dr. Karl Lackner, Leserbrief FAZ 18.2.2021, S. 5.

| Insgesamt 2019/2020 | Herz-Kreislauf | Krebs | Blutvergiftung | Krankheiten des Atmungssystems | an/mit Sars-Cov-2 2020 |
|---|---|---|---|---|---|
| **2.574/2.692** | 907 | 633 | 200 | 183 | **107** |

Tab. 11: Todesfälle pro Tag 2019[144]

Würden auch die Todeszahlen von Herz- Kreislaufkrankheiten und Krebs täglich kumuliert, wäre für jeden sichtbar, dass sie weit gefährlicher sind als SARS-CoV-2. Unterstellt, die täglichen Todesfälle der einzelnen Krankheiten wären 2020 genauso hoch wie 2019, starben mindestens fünfzehn Mal mehr Menschen an Herz- Kreislaufkrankheiten und Krebs als mit **oder** an SARS-CoV-2. Die Zahl der mit oder an SARS-Cov-2 Verstorbenen betrug 2020 vier Prozent aller Verstorbenen. Gegenüber den 96 Prozent anderer Verstorbener hat SARS-CoV-2 nur eine geringe Bedeutung. Dennoch stellten das Innenministerium und einige von ihm berufene Experten mit voller Absicht das Virus mit Todeszahlen aus fiktiven Szenarien in den Mittelpunkt der Aufmerksamkeit. Gesundheit und Tod sollen vor allem von einem Coronavirus abhängen. Warum wird die Gefährlichkeit der wichtigsten Krankheiten massiv verharmlost und das gesamte Leben in Deutschland auf die Vermeidung von Infektionen durch SARS-CoV-2 und ihrer Folgen ausgerichtet? Diese Frage wird uns noch lange beschäftigen (vgl. 6.1-6.5).

### 4.2.1 Beispiele für vermeidbare Todesfälle

Entscheidend für die Zahl der Todesfälle ist der grundlegende Gesundheitszustand der Bevölkerung. Welche gesellschaftlichen, ökonomischen und individuellen Verhältnisse lassen Todesfälle entstehen? Welche Rolle spielen Armut und Arbeitslosigkeit, Wohnungsnot, Existenzunsicherheit in prekären Arbeitsverhältnissen, Luftverschmutzung durch Verkehr, Verbrennung fossiler Brennstoffe und Industrie, Verseuchung des Grundwassers durch Massentierhaltung, krankmachende Ernährung durch Aufnahme von zu viel Zucker, Fett oder Pestiziden wie Glyphosat, Mikroplastik in Nahrungsmitteln, Rauchen usw.? Welche Rolle spielt ferner die Qualität des Gesundheitswesens und der Versorgung von Alten und Pflegebedürftigen? Und last not least – welche Rolle spielen Arbeitshetze und Stress?

### 4.2.2 Die Gesamtheit der Verhältnisse müsste in der Kritik stehen.

Sich auf die Bekämpfung einer einzigen Infektionskrankheit zu konzentrieren, hält die insgesamt krank machenden Verhältnisse aufrecht. Sie verstärkt sogar ihre Wirkung. Denn die massiv geförderte „Corona"-Angst erzeugt Stress, der z. B. Krebs und Herz-Kreislaufkrankheiten hervorrufen kann. Den Tod nur in Bezug auf eine Krankheit verhindern zu wollen, fördert den Tod durch die Vernachlässigung anderer Krankheiten. Krank machende Verhältnisse insgesamt

144 www.destatis.de/DE/Themen/Gesellschaft-Umwelt/Gesundheit/Todesursachen/_inhalt.html; Täglicher Lagebericht des RKI vom 31.12.2020, eigene Umrechnung

zu bekämpfen, wäre auch die beste Vorsorge gegen SARS-CoV-2, ein Virus, das im Wesentlichen nur als Brandbeschleuniger wirkt.

In Europa werden über 80 Prozent aller Todesfälle und schlechter Gesundheitszustände durch nicht-übertragbare Krankheiten verursacht.[145] *„Nicht übertragbare Krankheiten hätten eine entscheidende Rolle dabei gespielt, dass es bisher mehr als eine Million durch Covid-19 ausgelöste Todesfälle gebe, sagte Richard Horton, Chefredakteur von ‚The Lancet.'"*[146] Er fasste so das Ergebnis einer Gesundheitsstudie zusammen, die weltweit zu den größten zählt. Als besondere Risikofaktoren für Deutschland bezeichnet die Studie Bluthochdruck, Rauchen, Fettleibigkeit (Adipositas), zu hohen Blutzucker und ungesunde Ernährung. Dazu kämen Bewegungsmangel und Luftverschmutzung durch Feinstaub sowie die damit einhergehenden Krankheiten. Viele Herzkrankheiten, Schlaganfälle, Lungenkrankheiten sowie Fälle von Demenz und Lungenkrebs seien vermeidbar. Ohne diese Krankheiten hätte SARS-CoV-2 also erheblich weniger Todesfälle ausgelöst.

### 4.2.3 Luftverschmutzung ...

... z. B. ist *„ein lautloser Killer"*, der Herz-Kreislauf- und Atemwegserkrankungen hervorruft, aber auch Diabetes und Krebs. Die WHO erklärte die Luftverschmutzung zum Gesundheitsnotstand, der jährlich weltweit zum vorzeitigen Tod von 7 Millionen Menschen führe. Allein in Deutschland gab es 2018 durch Feinstaub 63.000 vorzeitige Todesfälle.[147] Das Risiko von Menschen in Regionen mit hoher Luftverschmutzung, an Covid-19 zu sterben oder zu erkranken, ist deutlich höher. In der Lombardei (Italien), der Region mit der höchsten Luftverschmutzung in Europa, wiesen Menschen eine doppelt so hohe Wahrscheinlichkeit auf, an Covid-19 zu sterben wie Menschen in fast dem gesamten Rest von Italien.[148] Die rücksichtslos gegen die Gesundheit vorangetriebene Luftverschmutzung ist ein Produkt vor allem der Kapitalverwertung in der Industrie (Automobil, Stahl, Strom usw.). Sie zu reduzieren, würde Todesfälle mit oder an Corona erheblich reduzieren.

### 4.2.4 Tausendfacher Tod durch Adipositas (Fettleibigkeit)

In Großbritannien ist bei bis Mitte November 2020 verstorbenen 65.000 Menschen Covid-19 als Todesursache auf dem Totenschein vermerkt. Das Land weist nach Malta den höchsten Anteil an Übergewichtigen in Europa aus: 28 Prozent der Bevölkerung gelten als fettleibig. Die Medizinerin Sally Davies erklärte, Fettleibigkeit erhöhe das Risiko, an Covid-19 zu sterben um fast 50 Prozent. Tausen-

---

145 www.t-online.de/gesundheit/krankheiten-symptome/id_88760222/corona-todesrisiko-diese-gesundheitsrisiken-erhoehen-die-sterblichkeit.html

146 www.rnd.de/gesundheit/rauchen-bewegungsmangel-ubergewicht-vermeidbare-faktoren-erhohen-corona-todesrisiko-6PMTFRZJ23A2G2NPMLMLLELFOM.html vom 16.10.2020

147 https://ec.europa.eu/germany/news/20201123-luftqualitaet_de

148 Klaus Schwab, Thierry Malleret, Covid-19: Der große Umbruch, Cologny/Genf Juli 2020

de „Corona-Todesfälle" hätten ihrer Meinung nach verhindert werden können.[149]

Forscher des New Yorker „NYU Langone Medical Center" untersuchten 4.103 Patienten, die zwischen dem 1.3. und 2.4 2020 als Covid-19- Fälle in New York bestätigt waren. *„Die chronische Erkrankung, die am stärksten mit einer schweren Covid-Infektion in Zusammenhang steht, ist Adipositas (Fettleibigkeit) – und zwar in einem substantiell höheren Risikoverhältnis als jede Herz-Kreislauf- oder Lungenerkrankung"* heißt es in der Studie.[150]

Eine Studie, die am 21. Juli 2020 in The Lancet veröffentlicht wurden, stellte fest, dass zu den Faktoren, die am stärksten mit der Anzahl der Menschen korrelierten, die in einem Land an oder mit Covid-19 starben, die Fettleibigkeitsrate, das Durchschnittsalter und das Ausmaß der Einkommensunterschiede waren. Jeder Prozentpunkt Anstieg der Adipositasrate z.B. führe zu einem Wachstum der Covid-19-Todesfälle um zwölf Prozent.[151]

## 4.3 „Alle 17 Sekunden stirbt ein Mensch in der EU wegen Covid-19"[152]

Das sagte Stella Kyriakides, die Gesundheitskommissarin der EU. Sie erzeugt damit Todesangst. Doch die Aussage „wegen Covid-19" ist eine Falschmeldung. Bei den sogenannten Corona-Toten gibt es kein klares „wegen". Denn als Covid-19-Todesfälle gelten sowohl Personen, *„die unmittelbar an der Erkrankung verstorben sind („gestorben an"), als auch Personen mit Vorerkrankungen, die mit SARS-CoV-2 infiziert waren und bei denen sich nicht abschließend nachweisen lässt, was die Todesursache war (‚gestorben mit')"*, so das RKI.[153]

Bei 4.735 an oder mit Corona Verstorbenen im Zeitraum bis Mitte Juni 2020 wurden bei 89 Prozent in etwa gleichen Anteilen eine, zwei oder drei und mehr Vorerkrankungen nachgewiesen. Nur elf Prozent hatten keine Vorerkrankungen. Nur sie könnten also mit Sicherheit wegen bzw. an Covid-19 gestorben sein.

| Herz-Kreislauf | Nervensystem | Diabetes | Lunge | Nieren | Krebs |
|---|---|---|---|---|---|
| 74 | 37 | 30 | 22 | 23 | 15 |

Tab. 12: Anteil der Vorerkrankungen bei 4.223 mit oder an Corona Verstorbenen in Prozent [154]

*„Um die Todesursache zu bestimmen, muss der Leichnam des Verstorbenen obduziert werden."*[155] Nur in Hamburg werden auf Anweisung des Gesundheitsa-

149 Übergewicht führt zu Corona-Toten, FAZ 16.11.2020

150 https://www.t-online.de/gesundheit/krankheiten-symptome/id_87806548/coronavirus-und-adipositas-ist-fettleibigkeit-ein-risikofaktor-.html

151 https://www.thelancet.com/journals/eclinm/article/PIIS2589-5370(20)30208-X/fulltext#fig0002

152 Stella Kyriakides, die Gesundheitskommissarin der EU (FAZ 3.12.2020)

153 RKI Krankheitsschwere der ersten Covid-Welle, Journal of Health Monitoring, Special Issue 11/2020, 5

154 ebd. S. 10; Die Daten beziehen sich auf den Zeitraum von Januar bis Mitte Juni 2020

155 Kim Björn Becker, Die Tücke der Zahlen, FAZ 24.2.2021

mts alle testpositiv Gestorbenen auf Rechnung der Stadt obduziert, wenn Angehörige bzw. Betreuer zustimmen. 2020 starben in Hamburg 850 Personen mit oder an SARS-CoV-2. Bei 735 Personen von ihnen wurde eine Obduktion vorgenommen. Bei 618 Personen (84 Prozent) war das Coronavirus ausschlaggebend für den Todesfall, meist in Form von Pneumonie oder Thrombosen.
Das entspricht bisherigen Studien, z. B. einer des Bundesverbandes der Pathologen unter Leitung von Prof. Friemann vom August 2020, nach der Covid-19 in 86 Prozent von 154 obduzierten Fällen den Tod verursacht habe.[156] Die Studien beziehen sich jedoch vor allem auf Testpositive, die im Krankenhaus verstorben sind, meist auf Intensivstationen.
Da Krankenkassen für Tote nicht leistungspflichtig sind, müssen Krankenhäuser für Obduktionen selbst zahlen. Sie schöpfen das dafür vorgesehene Budget nur zu fünf (!) Prozent aus. Gesundheitsämter könnten laut Infektionsschutzgesetz bei „Corona-Sterbefällen" außerhalb der Krankenhäuser eine Obduktion verlangen, tun es aber nur selten. Es gibt oft kein Budget dafür.
Die jetzige Todesstatistik hat also *„keine vernünftige Grundlage"*, so Karl-Friedrich Bürrig, der Präsident des Bundesverbandes deutscher Pathologen (vgl. Fußnote 155).
Bis zum 16.3.2021 gab es 73.656 mit oder an SARS-CoV-2 Verstorbene. Wir gehen hilfsweise davon aus, dass SARS-CoV-2 nur bei 84 Prozent von ihnen die Todesursache war, bei 16 Prozent nicht. Nur 61.871 Personen wären also bis zum 16. März 2021 an SARS-CoV-2 gestorben, 11.785 Personen dagegen nicht.
Das RKI dagegen zählt sowohl testpositive Tote ohne Angabe einer Todesursache als auch testpositive Tote, die nicht an Corona gestorben sind sowie solche, die an Corona starben, alle als „Corona-Tote". *„Bei uns gilt als Corona-Todesfall jemand, bei dem eine Coronavirus-Infektion nachgewiesen wurde."*[157] Das RKI rechnet sie in die Todesstatistik ein. Es dramatisiert die Todeszahlen und verbreitet damit Angst.

## Vorerkrankungen und/oder das Virus?

Der pensionierte Hamburger Pathologe und Rechtsmediziner Prof. Püschel stellte Ende 2020 fest: *„Alle, die wir bisher untersucht haben, hatten Krebs, eine chronische Lungenerkrankung, waren starke Raucher oder schwer fettleibig, litten an Diabetes oder hatten eine Herz-Kreislauf-Erkrankung. Da sei das Virus sozusagen der letzte Tropfen gewesen, der das Fass zum Überlaufen brachte."*[158]
Püschel bestritt keineswegs, dass SARS-CoV-2 eine tödliche Wirkung entfaltet. Das Virus sei aber nicht ansatzweise so gefährlich wie verbreitet würde; er sei

156 https://www.rnd.de/gesundheit/an-corona-oder-mit-corona-gestorben-das-ist-der-unterschied-und-das-sagen-die-aktuellen-zahlen-ID5I4BOXBNG7FJJJUIYOTULE3M.html

157 RKI-Präsident Wieler am 20.3.2020, https://www.youtube.com/watch?v=74h5QZjb0Aw

158 https://www.focus.de/gesundheit/news/hamburg-rechtsmediziner-ohne-vorerkrankung-ist-in-hamburg-an-covid-19-noch-keiner-gestorben_id_11865398.html

kein Killervirus.[159] Prof. Friemann, Leiter der Pathologie am Klinikum in Lüdenscheid, formulierte es Mitte April 2020 so: *„Durch Covid wird ein drohender Tod vorverlegt."*[160]
Die Frage ist nicht, ob ältere Menschen entweder an Vorerkrankungen oder an den Folgen einer Infektion mit SARS-CoV-2 gestorben sind. Hätten testpositiv Verstorbene keine erheblichen Vorerkrankungen gehabt, wäre ihr Tod zu diesem Zeitpunkt weniger wahrscheinlich gewesen. Insoweit sind Vorerkrankungen ausschlaggebend. Wären sie andererseits nicht an Covid-19 erkrankt, wäre der Tod allein an Vorerkrankungen zu diesem Zeitpunkt ebenfalls weniger wahrscheinlich gewesen.
Am 16.3 2021 waren 70 Prozent der testpositiv Verstorbenen 80 Jahre und älter, älter als 70 Jahre waren 89 Prozent.[161] Die Hälfte der „Corona-Toten" ist einem Alter über 84 Jahre gestorben. Die große Mehrheit der Gestorbenen übertrifft damit die durchschnittliche allgemeine Lebenserwartung in Deutschland (Männer 78,9 Jahre, Frauen 83,6 Jahre: zusammen 81,3). Das RKI hat „errechnet", dass „Corona-Tote" ohne Covid-19 im Schnitt noch rund zehn Jahre länger gelebt hätten. Das RKI berücksichtigt jedoch die Vorerkrankungen der „Corona-Toten" nicht, sondern geht von der mittleren Lebenserwartung aller über 80-Jährigen aus. Die überwiegende Mehrheit starb in Pflegeheimen. Hier wird die durchschnittliche Verweildauer auf ein bis zwei Jahre geschätzt.[162] Die Rechenkünste des RKI schüren die gewünschte Panik.
Die wichtigste Ursache für den vorzeitigen Tod von Millionen Menschen besteht jedoch weder in Vorerkrankungen noch in Corona noch im Alter, sondern in der sozialen Lage vor allem der unteren Schichten. Die Lebenserwartung von Menschen aus der Armutsbevölkerung liegt bei Männern zehn und Frauen acht Jahre unter dem des wohlhabenden Teils der Bevölkerung.[163] Auch das RKI hält einen Zusammenhang von Krankheit und sozialem Status für erwiesen: Von schweren Erkrankungen wie Herzinfarkt, Schlaganfall, Diabetes oder chronischen Lungenerkrankung sind „Sozialschwächere" deutlich häufiger betroffen[164], aber auch von Covid-19.
Nicht zu vergessen: Vorerkrankungen in Verbindung mit einem positiven PCR-Test führen in den meisten Fällen nicht zum Tod. Mehr als 80 Prozent der über

---

159 vgl. Frankl/Roth/Weißert, Frankfurt(M.) 2020, 31 f.

160 https://www.welt.de/vermischtes/plus207208401/Coronavirus-Pathologe-Drohender-Tod-wird-vorverlegt.html?

161 Täglicher Lagebericht des RKI vom 16.3.2021

162 https://www.heise.de/tp/features/Corona-Todesfaelle-Die-Maer-von-den-zehn-verlorenen-Lebensjahren-5060636.html?seite=all

163 https://www.faz.net/aktuell/wirtschaft/lebenserwartung-von-armen-und-reichen-in-sozialen-schichten-13519176.html

164 https://www.stern.de/gesundheit/lebenserwartung-in-deutschland--unterschiede-zwischen-arm-und-reich-6769994.html vom 30.3.2016

80-jährigen Testpositiven überstand die Infektion lebend (vgl. 4.4), d. h. selbst sie haben mit ihren körpereigenen Abwehrkräften schon eine gewisse Immunität gegen SARS-CoV-2 entwickelt.

## 4.4 „Jeder von uns kann unterschiedslos von dem Virus betroffen sein."[165]

Das erklärte Kanzlerin Merkel in ihrer Ansprache vom 18.3. 2020 zur Begründung des ersten Lockdowns. In der Tat könnte jeder betroffen sein, aber nie unterschiedslos. Die Bedrohung ist nicht für jeden gleich groß. Sie hängt in hohem Maße vom Alter, vom Gesundheitszustand, von der sozialen Lage, der Qualität des Gesundheitswesens usw. ab. Merkel dagegen folgt der Katastrophenpropaganda des Innenministeriums und seiner Experten

Die Wahrscheinlichkeit an einer SARS-CoV-2-Infektion zu sterben, ist für die Erwerbsbevölkerung unter 60 Jahren minimal. Leider gibt es keine fortlaufende Statistik, in der die Zahl der positiven Tests und gleichzeitig die Todesfälle nach Altersgruppen geordnet sind und auch auf die Zahl der Tests bezogen werden.

| Altersgruppe in Jahren | Todes-fälle | in % | positiv Getestete | in % | Todesfälle/ positiv Getestete in % |
|---|---|---|---|---|---|
| **Total** | **70.251** | **100** | **2,462.788** | **100** | **2,9** |
| über 80 | 49.037 | 69,8 | 248.767 | 10,1 | 19,7 |
| 60-79 | 18.866 | 26,9 | 381.378 | 15,5 | 4,9 |
| **60+** | **67.903** | **96,7** | **630.145** | **25,6** | **10,8** |
| **1-60** | **2.348** | **3,3** | **1,832.643** | **74,4** | **0,12** |

Tab. 13: Sterberaten von Testpositiven in Deutschland (Stand 2.3.2021)[166]

Das Risiko zu sterben, trifft von tausend Menschen unter 60 Jahren nur eine Person. Viola Priesemann bestätigt, dass die Altersgruppe vierzig bis sechzig eine Sterbewahrscheinlichkeit von etwa 0,1 bis 0,2 Prozent hat (FAZ 13.3.2021). Das dürfte sich auch bis zum 65. oder 70. Lebensjahr kaum ändern. Für die überwältigende Mehrheit der Erwerbsbevölkerung ist eine Infektion mit SARS-CoV-2 also so gefährlich wie eine saisonale Grippe, bei der RKI-Präsident Wieler eine Sterberate von 0,1 bis 0,2 Prozent der infizierten Personen ansetzt (vgl. 4.5). Eine Metastudie der WHO aus 61 serologischen Studien (Antikörperstudien aus Blutuntersuchungen) weltweit ergab, dass die Sterblichkeitsrate von SARS-CoV-

165 www.bundesregierung.de/resource/blob/975232/1732182/d4af29ba76f62f61f1320c32d39a7383/fernsehansprache-von-bundeskanzlerin-angela-merkel-data.pdf

166 Zahlen zu Testpositiven: https://de.statista.com/statistik/daten/studie/1103904/umfrage/corona-infektionen-covid-19-in-deutschland-nach-altersgruppe/ Stand 5.3.2021; Todesfälle in Covid-19-Lagebericht vom 2.3.2021

2 infizierten Personen unter 70 Jahren zwischen 0,00 und 0,31 Prozent lag, die Hälfte unter 0,05 Prozent, die andere Hälfte darüber.[167]
Die ökonomische und soziale Lage der „Einzelnen" spielt letztlich die entscheidende Rolle, nicht das Alter. Hunderttausende Menschen sterben jedes Jahr vorzeitig, in weit höherem Maße wegen ihrer sozialen Lage als wegen Covid-19. Armut und Existenzunsicherheit führen zu einem schlechteren Gesundheitszustand, der wiederum Infektionen, Erkrankungen und Todesfälle wahrscheinlicher macht. Sie häufen sich bei den unteren sozialen Schichten. Aus welchen Schichten kommen diejenigen, die in Krankenhäusern und Pflegeheimen einen einsamen Tod sterben? Welche Berufe hatten sie, welches Einkommen? Wer liegt auf den Intensivstationen? Da die übergroße Mehrheit der mit oder an SARS-CoV-2 Gestorbenen Pflegebedürftige sind, wäre es wichtig zu wissen, wie hoch die Sterblichkeit unter ihnen ist und wie sie sich in den letzten Jahren entwickelt hat. Mit der Falschmeldung, es könne jeden treffen, erspart man sich wissenschaftliche Untersuchungen und verbreitet Panik.

## 4.5 „Natürlich ist Covid-19 gefährlicher als die Grippe"

Das erklärte Professorin Sandra Ciesek unter Verweis auf Bergamo zum *„Standardwissen."*[168] Falschmeldungen werden zum Standardwissen erklärt. Standardwissen sollte vielmehr sein, dass für die Mehrheit der Erwerbsbevölkerung Covid-19 so gefährlich ist wie eine Grippe (vgl. 4.4).
Es ist schwierig, pauschal „die Grippe" mit „der Corona-Pandemie" zu vergleichen. Die Zahl der Influenza-Toten wird nur geschätzt, d. h. aus der Übersterblichkeit eines Jahres herausgerechnet. Sie beruht nicht auf gemeldeten Todesfällen.[169] Todesfälle an oder mit Grippe sind unbekannt. Es gibt keine Aufschlüsselung der Influenza-Todesfälle nach Altersgruppen und es wird nicht ermittelt, wie viele Menschen sich mit Influenza infiziert haben.
Todesfälle im Zusammenhang mit oder an Corona geben keine Auskunft über die Hauptursache des Todes (vgl. 4.3). Da die Dunkelziffer nicht mit Hilfe einer repräsentativen Stichprobe erforscht wird, werden völlig überhöhte SARS-CoV-2-Sterberaten vermittelt, die Panik erzeugen (vgl. 3.4).

### Drostens Versuch, die Gefährlichkeit von SARS-CoV-2 zu dramatisieren

Die Wahrscheinlichkeit, an einer Grippe zu sterben, liege bei 0,1 bis 0,2 Prozent, sagte RKI-Präsident Lothar Wieler noch Ende Februar 2020.[170] Das war damals die allgemeine Einschätzung. Wenn es bei den vom RKI in 2017/18 geschätzten

167 https://www.who.int/bulletin/online_first/BLT.20.265892.pdf
168DER SPIEGEL 17.10.2020, 109
169 Als Übersterblichkeit gilt die in einem Jahr gegenüber einer Reihe vorhergehender Jahre höhere Sterblichkeit.
170 www.t-online.de/gesundheit/id_87422306/1-bis-2-prozent-sterberate-rki-neuartiges-coronavirus-toedlicher-als-grippe.html

25.100 Grippetoten geschätzte 10 Millionen Infizierte gegeben hätte, kämen wir auf eine Sterberate von 0,25 Prozent, bei 15 Millionen auf 0,17 Prozent. Für die überwiegende Mehrheit der Erwerbsbevölkerung wirkt SARS-Cov-2 wie eine Grippe.

Diese niedrigen Sterberaten passen Schockstrategen wie Drosten nicht in den Kram. Er geht nicht wie Wieler von einer Sterberate von 0,1 bis 0,2 aus, sondern von 0,05 Prozent. So sei es im Winter 2018/2019 in den USA bei 63 Millionen Infizierten und 31.500 Grippetoten gewesen.[171] Von diesem zwei- bis vierfach niedrigeren Wert aus beurteilt er die Sterblichkeit von SARS-CoV-2. Er stützt sich dabei auf eine Metastudie unter der Leitung des australischen Epidemiologen Gideon Meyerowitz-Katz, die 33 Corona-Studien zusammenfasst.

| Alter | 0-34 | 35-44 | 45-54 | 55-64 | 65-74 | 75-84 | 85 + |
|---|---|---|---|---|---|---|---|
| Prozent | 0,004 | 0,06 | 0,2 | 0,7 | 2,3 | 7,6 | 22,3 |

Tab. 14: Todesfälle mit oder an SARS-CoV-2 in Prozent[172]

*„Die Sterblichkeit geht mit zunehmendem Alter rapide nach oben,"*[173] stellt Drosten richtig fest. Er fuhr jedoch fort, bei über 85 Jahre alten Menschen, die mit SARS-Cov-2 infiziert sind, stürben so viele *„wie bei den Pocken im Mittelalter"*. Deshalb sei Covid-19 weit tödlicher als die saisonale Grippe. Wie sah es bei den Pocken im Mittelalter aus? *„Im Mittelalter gingen in den typischen "Pockenjahren" 10 Prozent aller Todesfälle auf das Konto dieser Geißel. Bei Epidemien musste jeder fünfte Pockenkranke die Variola* (d. h. die Pocken) *mit dem Leben bezahlen"*, schreibt der Tagesspiegel.[174] Dass bei über 85-Jährigen jeder Fünfte stirbt, wenn er an Covid-19-erkrankt, ist nicht damit vergleichbar, dass in der Gesamtbevölkerung des Mittelalters jeder fünfte Pockenkranke gestorben ist. In Deutschland sind bisher allenfalls 0,09 Prozent der Bevölkerung an „Corona" gestorben, d. h. jeder 1.250te. Drosten liefert einen „wissenschaftlichen" Beitrag zur Panikmache im Sinne der Schockstrategie des Innenministeriums.

171 www.faz.net/aktuell/gesellschaft/gesundheit/coronavirus/internationale-untersuchung-belegt-hohes-corona-sterberisiko-der-aelteren-16978758.html

172 Niklas Zimmermann, Neue Metastudie zu Covid-19, Infektion ist für jeden fünften Hochbetagten tödlich, FAZ 30.09.2020

173 Coronavirus Update Folge 54, s. Fußnote 80

174 www.tagesspiegel.de/themen/gesundheit/pocken-tot-blind-vernarbt-die-schlimmen-folgen-der-pocken-jeder-fuenfte-starb/263628.html

## 4.6 „Der Schutz des Lebens stand und steht immer noch über allem."[175]

Wie wir aufgezeigt haben, war der Schutz des Lebens von Pflegebedürftigen in Heimen, den *hotspots* der Todesfälle mit oder an SARS-CoV-2, nicht das oberste Ziel der Regierenden. Das gleiche gilt für den Schutz des Lebens in Krankenhäusern. Viele Tausende von Toten wären vermeidbar gewesen (vgl. 2.1 und 2.2). Statt dessen stand der Schutz vor Infektionen im Mittelpunkt, obwohl diese für Menschen unter 65 Jahren kaum lebensbedrohlich sind (vgl. 4.4). Unbeeindruckt davon erklärte Caren Miosga in den Tagesthemen vom 30.10.2020 zur Begründung des zweiten Lockdowns: *„Um Leben zu schützen, darf uns kein Preis zu hoch sein."* Sie meinte den hohen Preis, den die Stilllegung des Lebens in der Freizeit kostet (vgl. 5.3). Wie sollte auch der Schutz des Lebens in der „Corona-Krise" das oberste Ziel sein, wenn das in vielen anderen Bereichen des Gesundheitswesen auch nicht gilt. Auch hier sterben jährlich Zehntausende, weil es zu viel kostet bzw. zu wenig Profit einbringt, Todesfälle zu vermeiden.

### 4.6.1 Tausendfacher Tod durch Krankenhauskeime vermeidbar

Bis zu 30.000 PatientInnen sterben jedes Jahr an Infektionen, die sie sich in deutschen Krankenhäusern, Rehabilitationskliniken oder Praxen zuziehen, erklärte u. a. die Deutsche Gesellschaft für Krankenhaushygiene (DGKH) sowie der Bundesverband der Ärzte des öffentlichen Gesundheitsdienstes. Nach Ansicht des Leiters der Krankenhaushygiene am Universitätsklinikum Essen, Prof. Dr. med. Walter Popp, könnten bei konsequentem hygienischem Handeln bis zu 100 Prozent der Fälle vermieden werden.[176] Das war der Stand von 2011. Das RKI ging auch für 2019 allein für Krankenhäuser von bis zu 20.000 an Keimen verstorbenen Patienten aus, z. T. auf Grund von gegen Antibiotika multiresistenten Bakterien.[177] Es hat sich also in rund zehn Jahren wenig geändert. Ausreichendes Hygiene-Personal wird weder ausgebildet noch eingestellt. Putzdienste werden an Billigfirmen ausgegliedert. Schutz von Renditen ist die Devise - nicht „Schutz des Lebens" (vgl. 6.4). Wenn jemand im Krankenhaus positiv getestet wird, aber an Krankenhauskeimen stirbt, zählt er als Corona-Toter.

### 4.6.2 Tausendfacher Tod durch Sepsis (Blutvergiftung)

*„Zweihundert Menschen sterben allein in Deutschland täglich an Sepsis, und die meisten davon wären nachweislich durch frühere Erkennung von Ärzten, durch Qualitätskontrollen in den Kliniken und konsequenteres Handeln auch im Kampf*

---

175 *„Die Bundeskanzlerin ließ von Anfang an keinen Zweifel daran, wo sie die Prioritäten setzt"*, heißt es im Bayrischen Rundfunk zur Einstimmung auf Merkels Neujahrsansprache. www.br.de/nachrichten/deutschland-welt/offen-sein-das-corona-krisen-jahr-von-angela-merkel,SJtw5Cf

176 www.aerzteblatt.de/archiv/89993/Krankenhaushygiene-Jaehrlich-30-000-toedliche-Infektionen 20/2011; auch www.tagesschau.de/inland/ krankenhaushygiene118.html

177 www.tagesschau.de/inland/infektionen-101.html

*gegen Antibiotikaresistenzen zu vermeiden.“*[178] Für Joachim Müller-Jung, den Autor dieses FAZ-Artikels, hat der Gesundheitsschutz hier *„schamlos versagt“*. Sepsis ist die häufigste Todesursache bei Infektionen. Sie kann sich aus harmlosen Infektionen entwickeln, wenn sie nicht erkannt und mit Antibiotika behandelt werden. Sepsis ist eine Überreaktion des Immunsystems gegen eine Infektion, die zum Versagen der eigenen Organe und auch zu einem Versagen des Kreislaufs führen kann. Jährlich sterben in Deutschland etwa 75.000 Menschen an Sepsis. *„Die meisten“* dieser Todesfälle, d. h. weit über 100 täglich könnten vermieden werden.

Auch laut WHO könnte die Mehrzahl der weltweit elf Millionen[3] Todesfälle durch Sepsis jährlich durch Verbesserung der Vorbeugung, Früherkennung und Behandlung verhindert werden. Jährlich mehr als 5,5 Millionen Todesfälle wären also vermeidbar.[179] Zur Erinnerung: Ein Jahr Corona-Pandemie hat bisher zu 2,66 Millionen Toten weltweit geführt. Auch viele SARS-CoV-2-Patienten sterben an einer tödlichen Sepsis und gelten dann als „Corona-Tote“.

Die Sepsis-Sterblichkeit ist in Deutschland im *„internationalen Vergleich sehr hoch.“*[180] Laut Konrad Reinhart, dem Vorsitzenden der Sepsis-Stiftung, deswegen, *„weil Verbände wie Kassen, Krankenhäuser und Ärzte und deren Interessen das Sagen haben“*. Könnten nicht allgemein *„schamlose“* Profitinteressen verantwortlich sein, die nach möglichst niedrigen Kosten im Gesundheitswesen bzw. möglichst hohen privaten Profiten streben? Dr. Bernd Hontschik bringt die Lage auf den Punkt: *„Nicht mehr der Kranke ist Gegenstand der Medizin,..., sondern die Krankheit wird zum Gegenstand eines profitablen Wirtschaftsprogramms“*.[181] Vernachlässigt wird alles was nicht der Profitabilität dient, auch der „Schutz des Lebens“.

### 4.6.3 Tausendfacher Tod durch Influenzaviren

Influenzaviren werden im Gegensatz zu SARS-CoV-2 nicht Killerviren genannt[182], obwohl sie nach konservativen Schätzungen des RKI in den Jahren 2012/13, 2014/15, 2016/17 und 2017/18 in Deutschland jeweils mehr als 20.000 Menschen das Leben gekostet haben.[183] Da bei Grippe dem RKI weder die Todesfälle, noch die Schwere der Krankheit, noch die Infektionen dem RKI gemeldet werden müssen, beruhen die genannten Todeszahlen auf Schätzungen des RKI. Der größte Teil der Grippetoten ist in anderen gemeldeten Todesarten enthal-

178 Joachim Müller-Jung, Der Tod ist nicht alles, FAZ 18.09.2020

179 www.aerzteblatt.de/nachrichten/116388/Mangelhafte-Sepsisversorgung-in-Deutschland-fuehrt-zu-vermeidbaren-Todesfaellen; auch www.dw.com/de/coronavirus-sepsis-haeufigste-todesursache-bei-infektionen/a-52752209

180 „Tausende vermeidbare Todesfälle“ FAZ 11.09.2020

181 Bernd Hontschik, Hippokrates for sale. Von der schleichenden Zerstörung des solidarischen Gesundheitswesens. Frankfurt(M.) 2014, S. 20

182 vgl. Frankl/Roth/Weißert Frankurt(M) 2020, S. 24-29

183 RKI, Bericht zur Epidemiologie der Influenza in Deutschland Saison 2018/19, S. 47.

ten (z.B. Herz- und Kreislaufkrankheiten und Atemwegserkrankungen). Grippeinfektionen durch Influenza- oder Coronaviren führten bis jetzt noch nicht zu dem Versuch, sie durch Kontaktverbote, d. h. Grundrechtseinschränkungen und Stilllegungen weiter Teile des öffentlichen, wirtschaftlichen und privaten Lebens an der Verbreitung zu hindern.

### 4.6.4 Tausendfacher Tod durch Neben- und Wechselwirkungen von Medikamenten

Der Pharmakologe Prof. Jürgen Frölich erklärte am 24. Juni 1999 in der Sendung Panorama: *„Wir müssen davon ausgehen, dass im Bundesgebiet 25.000 Patienten jedes Jahr an unerwünschten Arzneimittelwirkungen sterben und dass es zu 500.000 schweren arzneimittelbedingten unerwünschten Wirkungen kommt. Das Bemerkenswerte daran ist, dass die Hälfte dieser unerwünschten Arzneimittelwirkungen vermeidbar sind.*"[184] Panorama sprach damals von Medikamenten als *„einem der größten Killer in den Industrieländern"*. In einer weiteren Studie, die sich auf eine repräsentative norwegische Untersuchung stützte, kam Prof. Frölich 2003 zu dem Schluss, dass in Deutschland jährlich sogar bis zu 58.000 Menschen in Krankenhäusern an den Folgen der Einnahme von Medikamenten sterben könnten.[185] Rund 30.000 Tote könnten also jährlich vermieden werden, wenn Medikamente richtig verabreicht bzw. eingenommen würden.
In den USA haben Pharmakonzerne wie Purdue, beraten von McKinsey, opiodhaltige Schmerzmittel Jahre lang vermarktet,obwohl ihre Suchtwirkung bekannt war. Sie werden für den Tod hunderttausender US-Amerikaner verantwortlich gemacht, die an Überdosen solcher Mittel starben (FAZ 26.2.2021).
Überdosen bei der Einnahme von Hydroxychloroquin und Remdesivir könnten auch bei Todesfällen mit oder an SARS-Cov-2 eine bedeutende Rolle gespielt haben, so Torsten Engelbrecht und Dr. Claus Köhnlein.[186] Im Gegensatz zum französisch- und italienisch-sprachigen Teil der Schweiz wurde Hydroxychloquin im deutsch-sprachigen Teil wenig eingesetzt. Das könnte eine Ursache für die dort erheblich geringeren Todeszahlen im April sein.

### 4.6.5 Millionenfacher Tod durch patentgeschützte HIV-Medikamente

Zehn Millionen Menschen starben nach Schätzungen zwischen 1997 und 2003 in in den Subsahara-Regionen Afrikas an HIV-Infektionen, obwohl Medikamente, die ihr Leben hätten retten können, bereits existierten. In Afrika hatten die Medikamente patentgeschützte Mondpreise. Sie mussten privat gekauft werden. Die Pharmakonzerne verurteilten damit diejenigen, die solche Preise nicht zahlen konnten, viele Jahre lang zum Tode. In Europa und Nordamerika übernahmen die Sozialversicherungen die Behandlungskosten, die jährlich ohne

184 https://daserste.ndr.de/panorama/archiv/1999/erste7222.html
185 https://www.welt.de/print-wams/article100194/58-000-Tote-durch-falsche-Medikamente.html
186 https://www.rubikon.news/artikel/die-medikamenten-tragodie

Weiteres 15.000 Dollar betragen konnten. Erst nach dem Auslaufen des Patentschutzes im Jahre 2003 konnten wirkstoffgleiche Generika vor allem in Indien produziert werden, mit denen die Behandlungskosten in Afrika auf einen Dollar pro Tag sanken.[187]

## 4.7 „Lockdowns sind notwendig – auch im globalen Süden“

Diejenigen, die Lockdowns in Deutschland für das entscheidende Mittel halten, Infektionen zu eliminieren, machen sich meist keine Gedanken darüber, dass sie damit, ohne es zu wissen, Hunderttausende zusätzlicher Toter in den Ländern des Südens als deren Folge befürworten.

Die Bundesregierung jedoch weiß es. Entwicklungsminister Müller (CSU) sagte Ende September 2020 dem Handelsblatt: *„An den Folgen der Lockdowns werden weit mehr Menschen sterben als am Virus. ... Allein auf dem afrikanischen Kontinent rechnen wir dieses Jahr mit zusätzlich 400.000 Malaria-Toten und HIV-Opfern sowie einer halben Million mehr, die an Tuberkulose sterben werden."*[188] Die Pandemie habe *„eine der größten Armuts- und Hungerkrisen ausgelöst"*. In Deutschland streiten die Regierenden ab, dass Lockdowns mehr Tote kosten, als sie verhindern; für Afrika wird es umstandslos zugegeben. Selbst fast eine Million durch Lockdowns verursachte zusätzliche Tote nahm Müller jedoch nicht zum Anlass, sich gegen Lockdowns in Afrika auszusprechen. Er nahm sie in Kauf und warb für ein „Stabilisierungsprogramm“ von 50 Mrd. Euro an europäischen Krediten und Soforthilfen. Die Bundesregierung nutzt die „Corona-Krise“, die Abhängigkeit afrikanischer Staaten von „Hilfen“ aus Deutschland zu verstärken.

Lockdowns verurteilen nicht nur Malaria-, HIV- und Tuberkulosekranke verstärkt zum Tode, sondern auch Gesunde und hier vor allem Kinder. UNICEF, das Kinderhilfswerk der UNO, warnte: *„Die wirtschaftlichen und sozialen Folgen der Pandemie könnten dazu führen, dass bis Ende des Jahres zusätzlich 6,7 Millionen kleine Kinder von akuter Mangelernährung betroffen seien ... . Es bestehe die Gefahr, dass dadurch monatlich bis zu 10.000 Kinder sterben könnten.“*[189]

*„Das Welternährungsprogramm der UNO schätzte, dass die Zahl der Menschen, die an Hunger leiden, wegen der Pandemie bis 2020 auf 270 Millionen wachsen könnte, ein Wachstum von 82 Prozent. Oxfam schätzte, dass deshalb bis Ende 2020 zwischen 6.000 und 12.000 Menschen täglich in Verbindung mit der Krise*

---

187 https://www.salon.com/2013/09/05/pick_of_the_week_big_pharmas_african_genocide/; https://www.rnd.de/wirtschaft/zoff-ums-patentrecht-wem-gehort-der-corona-impfstoff-T2O3JO7JDVHXLCR7TJDEBA7UJ4.html

188 deutsche-wirtschafts-nachrichten.de/506488/Entwicklungsminister-An-Lockdown-Folgen-sterben-mehr-Menschen-als-am-Virus

189 www.dw.com/de/unicef-zehntausende-kinder-wegen-corona-von-hungertod-bedroht/a-54344326

*an Hunger sterben könnten."*[190] Anlässlich des Besuchs von UN-Generalsekretär Gutierres im Bundestag stellte Bundestagspräsident Wolfgang Schäuble fest, Lockdowns hätten viele Menschen in anderen Teilen der Welt ihrer Lebensgrundlage beraubt und bemerkte unbeeindruckt: *„Es wird gewarnt, dass wir viele Millionen zusätzliche Hungertote befürchten müssen."* Dieses Dilemma begleite uns. Die Probleme könne man nur gemeinsam und multilateral lösen, z. B. im Rahmen der UNO.[191] Auch viele Millionen zusätzliche Tote in den Ländern des Südens hindern Schäuble nicht daran, die Lockdowns, die diese Toten hervorrufen, zu befürworten. Prof. Dr. Christian Kreiß fällt ein schonungsloses Urteil: *„Man kann die Lockdown-Politik der Entwicklungsländer fast schon als einen Genozid betrachten, einen Genozid an den Unterprivilegierten dieser Welt."*[192]

Lockdowns in den Ländern des Südens fördern massiv die ökonomische und politische Abhängigkeit von den reichen Ländern und damit deren Kontrolle über ihre Rohstoffe und Staatsfinanzen. *„Afrikas Schuldenspirale dreht sich immer schneller"*, heißt es in der FAZ vom 26.2.2021. Die meist ausländischen Gläubiger werden eventuelle Schuldenerlasse, aber auch die Bedienung ihrer Kredite, an Bedingungen knüpfen, die ihre Kontrolle über die Schuldnerstaaten erhöhen. Lockdowns in Afrika machen zeitgemäße Formen des Imperialismus und Neokolonialismus unter dem Deckmantel des Schutzes vor Infektionen möglich. *„Wohlhabende Länder ignorieren die Tragödie, die sich in den schwachen und scheiternden Ländern abspielt, und die dadurch für sie selbst drohende Gefahr."*[193] Nein, sie organisieren im Profitinteresse ihrer kapitalistischen Wirtschaft diese Tragödie mit. Sie wirken ihr nicht einmal entgegen, obwohl sie zur „Gefahr" einer Massenimmigration in die reichen Staaten beiträgt.

---

190 https://oxfamilibrary.openrepository.com/bitstream/handle/10546/621149/bp-the-inequality-virus-250121-en.pdf; Im Januar 2021 schätzte Oxfam, *„dass bis Ende 2020 in Asien und Afrika jeden Tag mindestens 6.000 Menschen an Hunger gestorben sind, der durch die Folgen der Krise entstanden sei."* FAZ 25.01.2021

191 www.youtube.com/watch?v=kR69YsKR3U0 Minuten 6-7

192 www.epochtimes.de/meinung/gastkommentar/schon-fast-ein-genozid-lockdowns-fuehren-laut-oxfam-bis-zu-12-000-hungertoten-pro-tag-zusaetzlich-a3443408.html

193 Klaus Schwab, Thierry Malleret, Covid-19: Der große Umbruch, Genf 2020, S. 154

# 5 Behauptungen zum Thema Immunität

## 5.1 „Auf natürliche Herdenimmunität abzuzielen, ist keine Option"

Vor Weihnachten 2020 ergriff die Physikerin und Max-Planck-Institut-Forscherin Viola Priesemann mit dem Aufruf *„Contain Covid"* die Initiative, einen noch härteren Lockdowns durchzusetzen, bis die 7-Tage-Inzidenzwerte in ganz Europa bei maximal 10 positiven Tests pro 100.000 Einwohner liegen.[194] Erst dann könne es Lockerungen geben. Zur Begründung hieß es: *„Auf eine auf natürlichem Weg (*d. h. ohne Lockdowns) *erworbene Herdenimmunität abzuzielen, ist keine Option. Die schwere Bürde an Morbidität und Sterblichkeit, die sich in der gegenwärtigen Übersterblichkeit widerspiegelt, und die unsichere Dauer der Immunität sollte von dieser Herangehensweise abschrecken."*[195] Die gegenwärtige Übersterblichkeit ist jedoch weniger auf das Virus, als auf die Maßnahmen zur Bekämpfung seiner Folgen zurückzuführen (vgl. 4.1). Die UnterzeichnerInnen verlangen härtere Lockdowns zumindest in Europa, um eine auf natürlichem Weg zustande kommende Herdenimmunität zu verhindern. Doch der menschliche Körper hat keinerlei „Option", auf Infektionen nicht mit seiner Immunabwehr zu reagieren. Die natürliche Herdenimmunität verbreitet sich, ohne eine „Option" zu sein.

Hunderte von Wissenschaftlern haben sich dem Aufruf Priesemanns angeschlossen, darunter die VirologInnen Sandra Ciesek, Christian Drosten und Melanie Brinkmann, der Präsident des RKI, Lothar Wieler, der Präsident des ifo Institut für Wirtschaftsforschung, Clemens Fuest, und Leopoldina-Präsident Gerald Haug,[196] allesamt bedeutende Regierungsberater.

Der 7-Tagewert 10 Testpositive auf 100.000 Einwohner ist im Modell problemlos errechenbar. Mit einer Senkung des R-Werts auf 0,7 durch mehrwöchige harte Lockdowns wäre dieses Ziel auf dem Papier erreicht. Der R-Wert unterstellt, dass alle Testpositiven infektiös sind, obwohl bei einem bedeutenden Teil die Viruslast dazu gar nicht ausreicht (vgl. 3.2 u. 3.8). Ein fiktiver R-Wert von eins würde einem realen R-Wert von 0,5 entsprechen, wenn die Hälfte der Testpositiven nicht infektiös wäre. Der R-Wert taugt nichts.

Obwohl die Regierenden Deutschlands versuchen, die natürliche Entwicklung der Herdenimmunität maximal zu verhindern, ist sie schon weit fortgeschritten. Die erreichte natürliche Immunität wird jedoch in dem Begriff „genesen" versteckt und verheimlicht. Das RKI erklärt alle Testpositiven für „genesen", wenn sie nach 14 Tagen Quarantäne weder Symptome zeigen noch im Krankenhaus liegen. Laut RKI sind alle testpositiven Personen krank (vgl. 3.1), selbst dann,

---

194 www.containcovid-pan.eu/

195 https://www.thelancet.com/journals/lancet/article/PIIS0140-6736(20)32625-8/fulltext

196 www.stuttgarter-zeitung.de/inhalt.coronavirus-in-europa-forscher-fordern-europaeischen-kampf-gegen-corona-pandemie.915936ed-5031-4aab-bf93-f2f85207cb3a.html

wenn sie nach bisherigen Kriterien gesund sind und keine oder nur geringe Symptome aufweisen. Dass man von einer Gesundheit „genesen" kann, ist schlicht Unsinn.

Je mehr Menschen positiv getestet werden, desto mehr Menschen erwerben also eine natürliche Immunität. Am 1.11., dem Beginn des zweiten Lockdowns, waren es 355.900 Personen oder 66,8 Prozent der bis dahin Testpositiven, am 16. März 2021 schon 2,37 Millionen Menschen von 2,58 Millionen Testpositiven oder rund 92 Prozent (Tägliche Lageberichte des RKI). *„Menschen, die eine Covid-19-Erkrankung überstanden haben, sind nach Ansicht von Christian Drosten vor einer erneuten Erkrankung geschützt. Zumindest für den Zeitraum der gegenwärtigen Pandemie dürfte die Immunität anhalten. ‚Da bin ich sehr zuversichtlich'."*[197] Aber auch Menschen, die nicht erkranken, wehren eine Infektion mit ihrem Immunsystem ab und erwerben Immunität. Es gab also Mitte März etwa 2,4 Millionen Menschen, die auf natürlichem Weg eine Immunität gegen das Virus erworben haben.

Mit PCR-Tests wird jedoch nur eine Minderheit der Infizierten erfasst. Es gibt eine Dunkelziffer in bisher kaum erforschter Höhe. Nach bisherigen Antikörperstudien könnten es fünf Mal mehr Menschen sein, die eine SARS-CoV-2-Infektion überwunden haben, als mit PCR-Tests (vgl. 3.5) ermittelt wurden. Dann hätten Mitte März 2021 in Deutschland etwa 12 Millionen Menschen eine Immunität gegen SARS-CoV-2 erworben oder rund 14 Prozent der Bevölkerung. Zweimal geimpft waren zu diesem Zeitpunkt nur 3,5 Prozent der Bevölkerung. *„In dem Maße, wie sich die Immunität in der Bevölkerung aufbaut, sinkt das Infektionsrisiko für alle – auch für die gefährdeten Personengruppen"*, so die Great Barrington Erklärung.[198] Das Virus, ob Minister und Experten es wollen oder nicht, produziert mehr und mehr Immunität und verliert dadurch zugleich an Wachstum und Wirksamkeit. Darin besteht seine Natur und nicht in einem konstruierten exponentiellen Wachstum in Höhe von 2,4 bis 3,3 (vgl.3.8).

Die vorhandene Herdenimmunität kann auch geschätzt werden, wenn man von den Todesfällen ausgeht. Diese lassen Rückschlüsse auf die Zahl der Infizierten zu. Ausgangspunkt dafür ist die Letalitätsrate. Am 16.3. 2021 gab es 73.656 Todesfälle mit oder an SARS-CoV-2. Wenn die mit Antikörperstudien festgestellte Sterblichkeitssrate (vgl. 3.5) ein Prozent wäre, hätte es am 16. März 2021 also mehr als sieben Millionen Infizierte geben müssen, bei einer Letalitätsrate von 0,5 Prozent, müsste es schon mehr als 14 Millionen Infizierte gegeben haben, um 73.656 Todesfälle hervorzurufen. Die erreichte Immunität wäre entsprechend höher.

---

197 https://www.rnd.de/gesundheit/drosten-patienten-mit-covid-19-nach-uberstandener-erkrankung-immun-VDNVQGDVQ4U24YPS76ARY62LE4.html

198 https://www.nachdenkseiten.de/?p=65549 vom 7.10.2020; https://gbdeclaration.org/die-great-barrington-declaration/

**Stabile Langzeitimmunität von „Genesenen“ auf der Basis von T-Zellen**

*„Eine an der Innsbrucker Universitätsklinik durchgeführte Studie kommt zum Schluss, dass Corona-Genesene eine stabile Langzeitimmunität aufweisen.“* Für die langfristige Schutzwirkung entscheidend ist das Immungedächtnis der T-Zellen. Laut Studienleiter Deisenhammer müsse man zwischen Immunität und Antikörpern unterscheiden. Das Virus wird vom Immunsystem als körperfremd und gefährlich registriert. Daraufhin werden sämtliche typischen Merkmale des Virus erfasst und vom Körper lebenslang in sogenannten 'Gedächtniszellen' oder T-Zellen gespeichert. Auch StudienteilnehmerInnen, die nur milde Symptome hatten, seien nun immun.

Antikörper dagegen seien wie Soldaten, die sich in hunderten "Spezialeinheiten" (Klone) organisieren, um das Virus zu attackieren. Sie blieben nach einer Coronainfektion grundsätzlich vorhanden, ihre Messbarkeit gehe jedoch zurück. Doch ... komme es bei neuerlichem Kontakt mit dem Virus über die Vermittlung der Gedächtniszellen zu einer sehr raschen Reaktivierung. Die Innsbrucker Studie hatte nur 29 TeilnehmerInnen. Ihre Ergebnisse decken sich aber mit Studien an erheblich mehr TeilnehmerInnen in Island, New York und China.[199]

Die T-Zellen sind für Langzeitimmunität entscheidend. Ihre Verbreitung müsste durch Tests und repräsentative Untersuchungen festgestellt werden, um die Herdenimmunität zu erfassen.[200]

In einer Studie der Universität Tübingen mit 180 Personen, die eine Erkrankung mit Covid-19 überstanden hatten, wurden zu 100 Prozent T-Zellen nachgewiesen, auch wenn keine Antikörper mehr feststellbar waren.[201] An der Universität Tübingen gab es eine weitere Untersuchung über den Verbreitungsgrad von T-Zellen. Bei 81 Prozent von nicht-infizierten Personen war eine Antwort von T-Zellen auf SARS-CoV-2 zu beobachten. Diese Immunantwort wurde durch die frühere Abwehr anderer Coronaviren erzeugt.[202] Man nennt sie auch Kreuzimmunität.

Eine Untersuchung an der TU Berlin fand T-Zellen nicht nur im Blut von 83 Prozent der Patienten mit COVID-19, sondern auch im Blut von 35 Prozent der Gesunden.[203] Unter Berufung auf die Studie eines Charité-Kollegen bekräftigte Prof. Drosten schon am 24. April 2020, dass eine gewisse Hintergrundimmunität in der Bevölkerung zu bestehen scheine. Drostens Team hat an einer Studie zu

---

199 www.i-med.ac.at/mypoint/news/749681.html; www.ndr.de/nachrichten/ info/Was-koennen-T-Zellen-gegen-Coronavirus-leisten,corona4718.html

200 https://www.deutschlandfunk.de/immungedaechtnis-bei-covid-19-t-zellen-koennten-dauerhaft.676.de.html?dram:article_id=482657

201 www.medizin.uni-tuebingen.de/de/das-klinikum/pressemeldungen/300

202 www.researchsquare.com/article/rs-35331/v1

203 www.nature.com/articles/s41586-020-2598-9; vgl. http://www.biovis-diagnostik.eu/ wp-content/uploads/Biovis_SARS-CoV-2_Teil3_DE.pdf (Informationen über T-Zellen-Tests)

sogenannten T-Helferzellen mitgewirkt. Bei 34 Prozent der Patienten lagen reaktive T-Zellen in Proben aus der Zeit vor der Pandemie vor, die bestimmte Teile des neuen Coronavirus erkannten. Dass auch ohne Kontakt mit SARS-CoV-2 reaktive T-Zellen vorlagen, könne an durchgemachten Infektionen mit Erkältungs-Coronaviren liegen.[204]

### 5.1.1 Herdenimmunität in Schweden wächst

Untersuchungen von Antikörpern in Schweden zeigen eine rasche Verbreitung der Immunität. Seit der KW 28, d. h. Anfang Juli 2020 erhebt die schwedische Gesundheitsbehörde Daten über die Verbreitung von Antikörpern nach überstandenen Infektionen. In KW 2, d. h. Mitte Januar 2021 waren 40 Prozent Herdenimmunität erreicht. Bis Mitte März könnten es bei einem wöchentlichen Wachstum von 1-2 Prozent schon über 50 Prozent sein. Es gibt in Schweden eindeutig einen Trend zur Herdenimmunität, da in KW 39 (Ende September) nur eine Immunität von zehn Prozent nachgewiesen wurde.[205] Das stellt in Frage, welche Bedeutung Impfungen für die Bildung der Immunität haben.

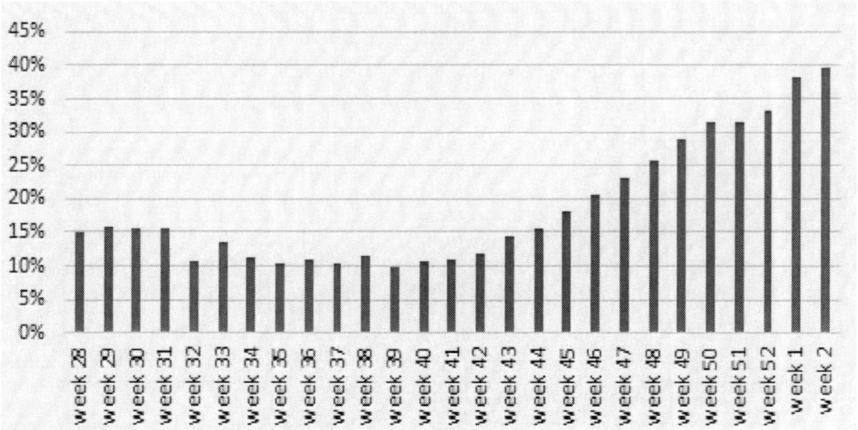


Abb. 2: Anteil der getesten Bevölkerung mit Antikörpern in Schweden[206]

*„Das Ergebnis einer Pandemie ist immer die Herdenimmunität"*, sagt der Epidemiologe Klaus Stöhr, einer der Entdecker von SARS-CoV-1.[207] Je mehr Menschen eine natürliche Immunität erwerben, desto schwerer hat es das Virus sich auszubreiten. Das gilt auch für Deutschland. Lockdowns bremsen die Entwicklung der natürlichen Immunität.

204 www.rnd.de/gesundheit/coronavirus-virologe-drosten-sieht-hinweis-auf-hintergrundimmunitat-5ZX55LPHZQUXDXMSKLAPVGOKJM.html vom 24.4.2020

205 vgl. zum Thema Immunität auch das Video https://youtu.be/RZczHQaoTzw

206 https://tkp.at/2021/01/26/eine-unbeachtete-grafik-ueber-immunitaet-in-schweden/

207 www.berliner-zeitung.de/politik-gesellschaft/corona-ist-auf-dem-rueckzug-li.139546

### 5.1.2 WHO ändert Definition von Herdenimmunität

Noch am 9. Juni 2020 hieß es: „*Herdenimmunität ist ein indirekter Schutz vor einer Infektionskrankheit, wenn eine Bevölkerung immun ist entweder durch Impfung oder Immunität im Verlauf einer vorherigen Infektion.*“[208] Seit dem 13. November 2020 heißt es: „*Herdenimmunität ... ist ein Konzept der Impfung, bei dem eine Population vor einem bestimmten Virus geschützt werden kann, wenn eine Schwelle der Impfungen erreicht ist. Herdenimmunität wird erreicht durch den Schutz von Menschen vor dem Virus, nicht, indem sie ihm ausgesetzt wird.*“[209]
Die WHO streitet also inzwischen ab, dass die natürliche Überwindung einer Infektion einen Beitrag zu Herdenimmunität leisten kann bzw. schon geleistet hat. Niemand will Menschen bewusst einem Virus aussetzen. Menschen sind Viren ausgesetzt, ob sie es wollen oder nicht, und ihre Körper reagieren darauf. Die WHO als Interessenverband der Pharmaindustrie (vgl. 6.2) stellt Impfstoffe in den Mittelpunkt, obwohl unklar ist, in welchem Maße sie Immunität erzeugen oder davor schützen, infiziert zu werden bzw. andere zu infizieren. Diejenigen, die die Bildung einer natürlichen Herdenimmunität unbedingt verhindern wollen, haben das Ziel, sich mit Impfungen einen riesigen Markt zu sichern. Panikmache und Falschmeldungen dienen dazu, die dazu notwendige Impfbereitschaft zu erzeugen.
Es gibt Tests, mit denen die T-Zellen-Immunität festgestellt werden kann. Diese Testung würde viele andere Tests sinnlos machen (Schnelltests, Antigen-Tests, PCR-Tests und Antikörper-Tests).

## 5.2 „Förderung natürlicher Immunität nimmt Tod von Jüngeren in Kauf“

Die Bundesregierung folgt der Grundentscheidung des Aufrufs „*Contain Covid*“ (vgl. 5.1). Kanzlerin Merkel: „*Und dann gebe es ja die Gruppe Wissenschaftler, die für mehr Freiräume und eine "Durchseuchung" der Gesellschaft seien. ‚Das ist eine politische Entscheidung, die nimmt mir keiner ab‘, sagt Merkel. Sie habe sich dagegen entschieden, da sie damit auch viele Todesfälle bei jüngeren Menschen in Kauf nehmen müsste.*“[210]
„Durchseuchung“ meint den Erwerb einer natürlichen Immunität durch Virus-Infektionen, ohne die Zahl der Infektionen mit einem Lockdown reduzieren zu wollen. Ob es Lockdowns gibt oder nicht: Die „Durchseuchung“ wird durch das Virus selbst hervorgerufen. Es verbreitet sich in erster Linie unerkannt, verursacht Reaktionen der Immunabwehr und schafft damit Immunität. Die „Durchseuchung“ ist eine biologische Tatsache. Sie schreitet selbst in Ländern härtes-

---

208 www.heise.de/forum/Telepolis/Kommentare/Eine-Nachlese-zur-Coronavirus-Impfpflicht/Neu-WHO-Immunitaet-kann-nur-durch-eine-Impfung-Erfolgen/posting-38051842/show/
209 www.who.int/news-room/q-a-detail/coronavirus-disease-covid-19-serology
210 www.tagesschau.de/inland/innenpolitik/analyse-merkel-bundespressekonferenz-101.html

ter Lockdowns wie Spanien, Italien, Frankreich oder Südafrika voran. Sie ist keine politische Entscheidung.

Es ist eine Falschmeldung, dass die politische Entscheidung für Lockdowns dazu diente, viele Todesfälle unter jüngeren Menschen zu verhindern. Todesfälle mit oder an SARS-CoV-2 sind in der jüngeren Bevölkerung auf Grund ihrer besseren Immunabwehr (nicht auf Grund einer Entscheidung von Frau Merkel) ausgesprochen selten (vgl. 4.2). Jeder weiß auch, dass vor allem „ältere Menschen" bei einer Infektion mit SARS-CoV-2 vorzeitig sterben, insbesondere Pflegebedürftige über 80 Jahre, die multimorbide sind. Merkel möchte mit einem Lockdown jüngere Menschen vor dem Tod schützen, die kaum davon bedroht sind. Doch darauf, die bedrohte Gruppe hochbetagter Pflegebedürftiger besonders zu schützen, legte die Bundesregierung entgegen aller Verlautbarungen kein besonderes Gewicht (vgl. 2.1). Das führte seit Beginn der Pandemie zu zahllosen vermeidbaren Todesfällen von alten Menschen.

### 5.2.1 No Covid wie in Australien

Eine Gruppe von 14 Wissenschaftlern, darunter die Virologin Prof. Melanie Brinkmann und der Leiter des Münchener Ifo-Instituts Clemens Fuest, strebt mit der Initiative „No Covid" an, die Infektionszahlen bundesweit mit denselben Mitteln "*auf Null*" senken wie in Australien und Neuseeland. Nach ihnen sind „Lockerungen" erst ab einem 7-Tage-Inzidenzwert von Null vertretbar. Solche Regionen sollen „grüne" Zonen bilden, die zur Normalität zurückkehren können. In den „roten Zonen" dagegen sollen weiterhin "*strikte Kontakt- und Mobilitätsbeschränkungen*" gelten. Die "Grünen Zonen" sollen erhalten werden durch Tests an Orten mit hohem Publikumsverkehr, eine langsame Öffnung des öffentlichen Lebens und vor allem durch eine "*schnelle, lokal begrenzte Wiedereinführung von Maßnahmen*" für den Fall, dass es neue Infektionen geben sollte.[211]

Die „Grünen Zonen" sollen ihre Grenzen gegen „Rote Zonen" absichern und an den Zonengrenzen nur essentielle grenzüberschreitende Mobilität zulassen. Alle Infizierten bzw. Verdachtsfälle sollen durch ausgedehnte ständige Tests innerhalb der Zonen und zwischen ihnen entdeckt und isoliert werden. Wenn Landkreise oder Städte den Inzidenzwert von zehn überschreiten, sollen Lockdon-Maßnahmen verhängt werden. Die Filetierung Deutschlands in regionale

211 www.news.de/politik/855896806/no-covid-plan-strategie-papier-fordert-lockdown-bis-inzidenz-0-keine-neuen-corona-infektionen-in-3-phasen-einrichtung-gruene-zonen/1/ vom 19.1.2021
Australien ist ein von Meeren abgegrenzter Kontinent mit 25 Millionen Einwohnern. Niemand darf einreisen, ohne in Quarantäne zu gehen. Die sieben Bundesländer Australiens liegen teilweise tausende Kilometer voneinander entfernt. Kontakt zwischen ihnen wurden unterbunden. Jeder positive PCR-Test wird mit kompletten Lockdowns auch von Großstädten wie Perth (2 Millionen) oder Melbourne beantwortet. Betriebe, Geschäfte, Schulen, Kitas, Sportstätten, Restaurants werden geschlossen. Ausgangssperren werden verhängt, die scharf kontrolliert werden. Ziel sind infektionsfreie grüne Zonen, die sich gegen Zonen mit Infektionen strikt abgrenzen.

Infektionszonen würde Deutschland in ein Sammelsurium virologisch reiner Kleinststaaten verwandeln.[212]

### 5.2.2 Natürliche Herdenimmunität fördern – ein sinnvolles Ziel

Am 4. Oktober 2020 wurde in Great Barrington (USA) von den Epidemiologen Martin Kulldorff (Harvard University) Sunetra Gupta (Oxford University) und Jay Bhattacharya (Stanford University) eine Erklärung verfasst, der wir uns anschließen.

Darin heißt es: „*In dem Maße, wie sich die Immunität in der Bevölkerung aufbaut, sinkt das Infektionsrisiko für alle – auch für die gefährdeten Personengruppen. Wir wissen, dass alle Populationen schließlich eine Herdenimmunität erreichen – d. h. den Punkt, an dem die Rate der Neuinfektionen stabil ist. Dies kann durch einen Impfstoff unterstützt werden, ist aber nicht davon abhängig. Unser Ziel sollte daher sein, die Mortalität und den sozialen Schaden zu minimieren, bis wir eine Herdenimmunität erreichen. Der einfühlsamste Ansatz, bei dem Risiko und Nutzen des Erreichens einer Herdenimmunität gegeneinander abgewogen werden, besteht darin, denjenigen, die ein minimales Sterberisiko haben, ein normales Leben zu ermöglichen, damit sie durch natürliche Infektion eine Immunität gegen das Virus aufbauen können, während diejenigen, die am stärksten gefährdet sind, besser geschützt werden. Wir nennen dies gezielten Schutz (Focused Protection). Diejenigen, die nicht schutzbedürftig sind, sollten sofort wieder ein normales Leben führen dürfen. Einfache Hygienemaßnahmen wie Händewaschen und der Aufenthalt zu Hause im Krankheitsfall sollten von allen praktiziert werden, um den Schwellenwert für die Herdenimmunität zu senken. Schulen und Universitäten sollten für den Präsenzunterricht geöffnet sein. Außerschulische Aktivitäten, wie z. B. Sport, sollten wieder aufgenommen werden. Junge Erwachsene mit geringem Risiko sollten normal und nicht von zu Hause aus arbeiten. Restaurants und andere Geschäfte sollten öffnen können. Kunst, Musik, Sport und andere kulturelle Aktivitäten sollten wieder aufgenommen werden. Menschen, die stärker gefährdet sind, können teilnehmen, wenn sie dies wünschen, während die Gesellschaft als Ganzes den Schutz genießt, der den Schwachen durch diejenigen gewährt wird, die Herdenimmunität aufgebaut haben.*“[213]

Wer Herdenimmunität auf natürlichem Weg in kontrolliertem, d. h. verhältnismäßigem Ausmaß befürwortet, ist kein Corona-Leugner, der die Bevölkerung lebensbedrohlichen Gefahren aussetzt. Das wird ausgerechnet von denen unterstellt, deren Desinteresse an einem besonderen Schutz der Pflegebedürftigen in den Heimen zum vermeidbaren Tod von vielen tausend Menschen geführt hat.

---

212 Fuest_etal_2021_proaktive_Bekaempfung_SARS-CoV-2_Handlungsoptionen.pdf
213 https://gbdeclaration.org s. Fußnote 198

Nahezu 90 Prozent der positiv Getesteten zeigt nur schwache oder keine Symptome. Warum muss man ihr Leben auf das Engste einschränken, wenn die Ausbreitung des Virus unter ihnen kaum schwere Krankheiten bzw. Todesfälle hervorruft? Fakt ist, dass die bisherigen Maßnahmen allgemeiner Lockdowns die Entwicklung einer kollektiven natürlichen Immunität massiv behindern.

## 5.3 „Schwächung der Immunabwehr dient der Gesundheit und dem Schutz des Lebens“

*„Um die gewünschte Schockwirkung zu erzielen, müssen die konkreten Auswirkungen einer Durchseuchung ... verdeutlicht werden“,* so das Expertenpapier im Auftrag des Innenministeriums (vgl. 1). Regierung, Experten und Medien verbreiten ununterbrochen Bilder und Nachrichten des *worst case*, der bei Todes- und Krankheitsfällen eintreten könnte. Bilder von Särgen und Intensivpatienten aus besonders betroffenen Ländern sowie Zahlen von ständig wechselnden steigenden Werten sorgen für die gewünschte Angst. Gesteigerte Angst schwächt die Immunabwehr und dient nicht dem Schutz der Gesundheit.

Kanzlerin Merkel zeigte 2020 vor Weihnachten eine besondere Kunstfertigkeit dabei, Ängste zu schüren. *„Wenn wir jetzt vor Weihnachten zu viele Kontakte haben und anschließend es das letzte Weihnachten mit den Großeltern war, dann werden wir etwas versäumt haben. Das sollten wir nicht tun."*[214] Alle Familienangehörigen könnten also die Großeltern ins Grab bringen, wenn sie sich mit ihnen treffen. Gesteigerte Angst ist eine Grundlage für Depressionen und psychische Erkrankungen. Beides schwächt die Immunabwehr. Die Unterordnung des gesamten privaten Lebens unter die Verhinderung von Infektionen durch ein einziges Virus reduziert Menschen auf vereinsamte Kümmerexistenzen und erzeugt Ängste.

Menschen sind soziale Wesen. Das Ziel, ein Virus auszurotten, das für die überwiegende Mehrheit der Bevölkerung wenig gefährlich ist, erzwingt angeblich maximale soziale Distanzierung. Sich treffen mit anderen und Geselligkeit wird in die Illegalität gedrängt und mit Bußgeld bedroht. Maximale Vereinzelung ist erwünscht, ob bei Kindern, Jugendlichen oder Erwachsenen.[215] Enkel sollen ihre Großeltern nicht sehen. Kinder und Jugendliche dürfen nur noch beschränkt mit FreundInnen spielen bzw. sich treffen. Private Besuche sind wechselnd mit einer, zwei oder drei Personen erlaubt. Persönliche Kontakte zwischen Menschen gelten als gefährlich. Das alles erzeugt Angst und Panik und schwächt die körpereigene Immunabwehr, die gegen SARS-CoV-2 und andere Viren schützt. Immungeschwächte Menschen sind anfälliger für Krankheiten.

---

214 www.t-online.de/nachrichten/deutschland/innenpolitik/id_89097192/angela-merkel-fuer-rede-im-bundestag-gelobt-beispiel-der-verantwortung-.html vom 10.12.2020

215 Karl Hecht, Corona-Käfighaltung www.rubikon.news/ artikel/corona-kafighaltung

Sich zu verlieben verletzt Abstandsgebote, sich umarmen auch. Lachen, Singen, laut sprechen, Tanzen und Sport, ob draußen oder drinnen, gefährdet angeblich die Gesundheit anderer. Sportstätten sind weitgehend geschlossen. Körperliche Bewegung über Sport wird für gefährlich erklärt, obwohl körperliche Aktivität Immunsystem und Lebensfreude stärken. In Einsamkeit zu lernen, keinen Sport treiben oder gemeinsam spielen zu können, wirft vor allem bei Millionen Kindern die körperliche, intellektuelle, soziale und psychische Entwicklung zurück,[216] besonders bei denen aus unteren Schichten.
Hochzeitsfeiern und Trauerfeiern bei Todesfällen sind verboten. Es muss einsam geheiratet und gestorben werden. Besuche im Krankenhaus oder im Pflegeheim sind nicht oder nur unter strengen Sicherheitsvorkehrungen erwünscht. Einsamkeit und antisoziale Kontaktverbote schwächen die Lebensfreude und verstärken Depressionen oder rufen sie hervor. Die Bundesregierung jedoch propagiert unverdrossen die Selbstisolation in Wohnungen und das Leben auf der Couch als erwünschtes Heldentum.[217]
Den Kampf gegen ein einziges Virus haben die Regierenden seit einem Jahr zum Hauptinhalt des Lebens gemacht. Persönliche Kontakte werden massiv mit Angst besetzt. Es wird gefördert, dass an die Stelle persönlicher Kommunikation zum Schutz vor Infektionen weitgehend die digitale Kommunikation treten soll. Online-Arbeit, Online-Einkauf, Online-Lernen, Online-Kurse, Online-Treffen, Online-Veranstaltungen, Online-Medizin, Online-Banking, Online-Unterhaltung, Online-Spiele, Online-Training, Online-Konzerte usw. sind die neuen Kommunikationsformen vereinsamter Menschen. Menschen, die sich selbst in der eigenen Wohnung isolieren, gelten als verantwortungs- und rücksichtsvoll, vorsichtig, umsichtig und solidarisch. Persönlichen Kontakt zu anderen Menschen zu suchen wird als verantwortungslos und unsolidarisch hingestellt. Eine Metastudie hat untersucht, inwieweit soziale Distanzierung, d. h. der massive Druck darauf, zu Hause zu bleiben (*stay home*) einen Einfluss auf die Zahl der Todesfälle ausübt. Die Daten aus 87 Ländern der Welt im Zeitraum der KW 9 bis 34 in 2020 ergaben, dass es so gut wie keinen Zusammenhang zwischen sozialer Isolierung und Todesfällen gibt.[218]
Schuldzuweisungen an Menschen, die sich den Kontaktverbotsregeln widersetzen, führen zu Zwietracht und Spaltungen innerhalb von Ehen, Familien, Freundeskreisen und Arbeitskollegen. Positive Emotionen werden seltener. Die Maske gilt ab Ende April als Zeichen der Solidarität, sie falsch oder nicht zu tragen, als potentielle Körperverletzung, auch wenn Abstandsgebote eingehalten wer-

---

216 https://smoton.com/lxe5gxgz-oaaw355g-9cjxhedv-kik; FAZ 1.3.2021, S. 23
217 www.br.de/kultur/besondere-helden-video-bundesgesundheitsministerium-100.html
218 www.nature.com/articles/s41598-021-84092-1#Bib1 vom 5.3.2021

den. Die Lockdown-Maßnahmen greifen massiv den sozialen Zusammenhalt an. Auch das schwächt die körpereigene Immunabwehr.[219]

Schließungen von Arbeitsstätten und Berufsverbote für Selbstständige stürzen Millionen Menschen in Existenzunsicherheit und Angst. Drastische Einkommensverluste, besonders unter Lohnabhängigen mit niedrigen Löhnen und Selbstständigen, unzureichend durch staatliche Unterstützung ausgeglichen, führen zu Verzweiflung. Die Aussicht arbeitslos zu werden, die Miete nicht mehr zahlen zu können, und unklare Zukunftsaussichten für Kinder greifen die Immunabwehr an.

*„Gesundheit ist der Zustand des vollständigen körperlichen, geistigen und sozialen Wohlbefindens, und nicht nur das Fehlen von Krankheit oder Gebrechen,"* heißt es in der Verfassung der WHO.[220] Die Isolationsmaßnahmen der Pandemiebekämpfung schwächen das körperliche, geistige und soziale Wohlbefinden von Menschen. Sie schaden der Gesundheit, da sie das sinnvolle Maß weit überschreiten.

Aber die Meister der bedrohlichen Nachrichten präsentieren uns nicht nur mögliche Katastrophen, sondern versprechen auch die Erlösung, die Impfung gegen SARS-CoV-2. Sie schwächen die natürliche Immunität, an der niemand etwas verdienen kann, und stellen die angeimpfte Immunität ins Zentrum, mit der Milliarden zu verdienen sind. Offen wird ausgesprochen, dass in Zukunft die Teilnahme am gesellschaftlichen Leben und die Ausübung von Grundrechten von einem Impfnachweis abhängen soll bzw. als Übergang von ständigen negativen PCR-Tests oder Schnelltests. Die massive Schwächung des gesellschaftlichen Lebens wird dadurch Mittel zum Zweck, im Interesse der Pharmaindustrie die Bevölkerung durchzuimpfen.

## 5.4 „Pandemie ist vorbei, wenn alle geimpft sind"

Das wurde vollmundig versprochen. Angela Merkel wiederholte immer wieder: *„Die Pandemie wird nicht verschwinden, bis wir wirklich einen Impfstoff haben mit dem wir die Bevölkerung immunisieren können."*[221] Zum feierlichen Auftakt der Impfkampagne in der Stuttgarter Liederhalle am 27.12. 2020 verkündete Ministerpräsident Winfried Kretschmann: *„Das ist der Beginn vom Ende der Pandemie."* Dieser Tag sei der hoffnungsvolle Abschluss eines Jahres und der Impfstoff der Schlüssel für ersehnte Rückkehr zum gewohnten Leben.[222]

Die neuen DNA und mRNA Impfstoffe von Astra-Zeneca, Biontech/Pfizer und Moderna wurden als Wunderwaffen begrüßt und viele Zeitungen schrieben,

219 Matthias Burchardt, Versuch über den Homo hygienicus in: Hofbauer, Kraft (Hg.), Lockdown 2020, Wien 2020, 117-127

220 www.admin.ch/opc/de/classified-compilation/19460131/201405080000/0.810.1.pdf

221 www.welt.de/politik/deutschland/article207167375/Merkel-zu-Corona-Solange-wir-keinen-Impfstoff-haben-wird-das-gelten.html

222 www.stuttgarter-nachrichten.de/inhalt.corona-i

dass bis 95 Prozent der Geimpften vor der Infektion durch SARS-CoV-2 geschützt würden. Das war schon die erste Fehlinformation.
Das Leibniz-Institut für Wirtschaftsforschung (RWI Essen) erklärte diese Aussage zur Unstatistik des Monats, denn die medizinische Wirksamkeit bezieht sich nicht auf die Geimpften, sondern allein auf die Positiv Getesteten. An der Teststudie von Biontech nahmen 43.500 Personen teil. Die Hälfte wurde geimpft, die anderen erhielten ein Placebo. Sieben Tage nach der zweiten Impfung gab es 170 positiv Getestete, 8 davon in der Gruppe der Geimpften, 162 in der Placebo-Gruppe. Die Wirksamkeit wird ermittelt, indem man die Zahl der positiv Getesteten der Impfgruppe durch die entsprechende Zahl der Kontrollgruppe teilt. Vom Ergebnis wird -1 abgezogen und mit 100 multipliziert.

$(8 : 162) -1 \cdot 100 = 90{,}06$ Prozent

„Zu 90 (oder 95) Prozent wirksam" bezieht sich also nicht auf 9 von 10 Menschen, die zur Impfung gehen, und auch nicht auf alle Teilnehmer der Studie oder alle Menschen, die sich in Deutschland impfen lassen. Sie ist eine relative Risikoreduktion, die sich auf die Zahl der Erkrankten (positiv Getesteten) bezieht, aber keine absolute Reduktion, die sich auf alle Geimpften bezieht.
Der Unterschied zwischen relativer und absoluter Risikoreduktion ist für viele Menschen schwer zu verstehen. Er wird vielleicht am Beispiel der Grippeschutzimpfung für Menschen zwischen 16 und 65 Jahren klarer. In einer Saison mit geringer Verbreitung des Grippevirus liegt die Wirksamkeit der Grippeschutzimpfung etwa bei 50 Prozent. Diese Zahl bedeutet nicht, dass 5 von 10 Geimpften vor der Grippe geschützt sind. Sie bedeutet, dass von je 100 Personen ohne Impfung zwei eine bestätigte Influenzainfektion bekamen, und von je 100 Personen mit Impfung nur eine.[223] Es ist auch wichtig zu verstehen, dass sich die von BioNTech und Pfizer berichteten „zu 90 Prozent wirksam" auf die Verringerung von Infektionen, nicht auf die von schweren Erkrankungen oder gar Todesfällen bezieht. Wir können nur hoffen, dass diese Reduktion in gleichem Maße auf schwere Erkrankungen durchschlägt, aber das wird in den derzeitigen Studien nicht untersucht.[224] Von den 21750 Probanden der Placebo Gruppe der Biontech-Studie waren 162 Personen, d. h. 0,75 Prozent der Teilnehmer infiziert. Über 99 Prozent wiesen keinen positiven Test auf. Ob man wegen eines Risikos von 0,75 Prozent Millionen gesunde Menschen impfen muss, ist sehr zweifelhaft. In einer Studie, die Peter Doshi im *England Journal of Medicine* veröffentlichte, wird der Wirkungsgrad auf nur 29 Prozent geschätzt.[225] Wie dem auch sei: Der Wirkungsgrad wird übertrieben.

---

223 dazu auch die Informationen für Risikokompetenz https://hardingcenter.de/de
224 www.rwi-essen.de/unstatistik/109/
225 www.infosperber.ch/gesundheit/public-health/die-pfizer-impfung-ist-viel-weniger-wirksam-keine-transparenz/

### 5.4.1 Dauer der Wirksamkeit des Impfstoffs? - Unklar

Es wird davon ausgegangen, dass mindestens ein halbes Jahr Immunität besteht. Dann müsste die Impfung eventuell wiederholt werden. Aber auch das ist Spekulation, weil nur Langzeitstudien darüber Auskunft geben könnten. Eine Studie des kalifornischen La-Jolla-Instituts für Immunologie hat infizierte Menschen untersucht. Demnach sind sowohl Antikörper als auch T-Zellen, zwei der zentralen Waffen unseres Immunsystems. zumindest fünf Monate nach dem Einsetzen der Symptome noch nachweisbar[226], selbst bei Verläufen mit milder Symptomatik.[227] Also ist das auch keine Garantie dafür, dass uns die Impfung auf Dauer befreit. Es spricht eher dafür, dass gemäß der Ansicht von Virologen die Impfung wiederholt werden muss

### 5.4.2 Geimpfte können andere anstecken? - Unklar

Für das Zurückdrängen der Pandemie ist entscheidend, ob die Impfstoffe auch verhindern, dass die Geimpften andere anstecken können (sterile Immunität). Derzeit kann man nicht ausschließen, dass Geimpfte das Virus weiter übertragen können. Daher müssen zunächst auch Geimpfte weiterhin Maske tragen. Die bisherige Datenlage ist unzureichend. Es gibt Hinweise aus vorklinischen Studien und aus der Erfahrung mit anderen Impfstoffen, dass mit der Impfung auch die Weitergabe des Virus verringert werden kann. Weitere Datensammlung und -auswertung kann die Unsicherheit verringern.[228]

Die Diskussion um diese Frage ist stark von Interessen bestimmt. Gegenwärtig häufen sich Meldungen, dass Geimpfte wohl nicht weiter ansteckend wirken können.[229] Bisher wurde als vorherrschende Auffassung vertreten, dass Infektiösität auch nach einer überstandenen Infektion weiter bestehe. Das wurde denen entgegengehalten, die sich für eine natürliche Herdenimmunität einsetzen. Da diese Theorie jedoch die Impfbereitschaft negativ beeinflusst, möchte man nun mit einer Kehrtwende die Bereitschaft sich impfen zu lassen stärken.

### 5.4.3 Impfstoffe gegen Mutanten wirksam? -Ungeklärt

Es ist keineswegs überraschend, dass Viren mutieren. Gegenwärtig werden von Seiten der Regierungen sowie der Medien eine britische, eine südafrikanische und eine brasilianische Variante in den den Vordergrund gestellt. Weitere können folgen. Und wieder werden Schreckensszenarien ausgemalt über deren Wirkung. Nun wird zwar behauptet, dass der Impfstoff zumindest die britische Variante wirksam bekämpft, aber wirkliche Beweise dafür liegen nicht vor.

---

226 www.pharmazeutische-zeitung.de/wie-genau-merkt-sich-der-koerper-eine-corona-infektion-121936/

227 www.pharmazeutische- zeitung.de/wie-lange-haelt-der-impfschutz-122178/

228 https://hardingcenter.de/de/projekte-und-kooperationen/faktenboxen/impfungen/grippeschutzimpfung-fuer-erwachsene-influenzaimpfung

229 Stiko, Immunisierte scheinen weniger infektiös, FAZ 20.02.21

Gegenüber den anderen Mutanten scheint der Impfstoff wenig zu wirken. Auch kein Problem. Es schlägt die Stunde der Impfstoffentwickler. *„Sobald die Notwendigkeit erkannt wird, den Impfstoff nachzubessern, weil die Andockstelle am Virus durch Mutationen zu sehr von ihrer ursprünglichen Form abweicht, kann innerhalb von sechs Wochen ein neuer, nachgebesserter Impfstoff entwickelt werden. Die Zulassung des veränderten Impfstoffs könnte nach Auskunft des Paul-Ehrlich-Instituts dann innerhalb kurzer Zeit erfolgen, da sich grundlegende Daten nicht ändern würden. Die Produktion umstellen benötigt ebenfalls etwas Zeit. Kurz gesagt: In der Praxis dürfte die Anpassung des Impfstoffes ungefähr ein Vierteljahr Zeit benötigen."*[230]
Auch die BioNTech-Gründer Özlem Türeci und Uğur Şahin zeigen sich im Gespräch mit dem Spiegel optimistisch[231]: Wenn das Virus zu stark mutiert, sei es rein technologisch möglich, den Impfstoff anzupassen. *„Wir könnten die genetische Information für das jetzige Virusantigen einfach durch die neue, mutierte ersetzen. Das alles geht sehr schnell und würde vielleicht sechs Wochen dauern."*[232]
Ingmar Hoerr, Mitgründer von Curevac erklärte schon Mitte Januar zu Mutationen, *„mRNA-Technologie ist genau dafür geschaffen, schnell neue Wirkstoffe zu entwickeln. Das Virus kann uns nicht entkommen, wir kommen hinterher."* (FAZ 14.01.2021) Und Angela Merkel, die „Mutter aller WissenschaftlerInnen", nachdem sie sich einmal entschlossen hat, die Angstkampagne anzuführen, meint dazu: *„Es kann sein, dass wir uns künftig jedes Jahr gegen dieses Virus impfen lassen müssen, weil er immer weiter mutiert"* (FAZ 25.02.2021).

### 5.4.4 Die wichtigste Frage: Sind die Impfstoffe sicher?

*„Beide in der EU zugelassenen Wirkstoffe haben eine gute Sicherheit und Verträglichkeit und eine ausgezeichnete Wirksamkeit"*, sagte Klaus Cichutek, Präsident des Paul-Ehrlich-Instituts (PEI) am Donnerstag, den 14.01.2021, in Berlin.[233]
Dieses Urteil lässt sich mit den Daten, die das PEI im Sicherheitsbericht vom 28.01. 2021 mitteilt, kaum aufrecht erhalten. Im Zeitraum vom 27.12. 2020 bis zum 24.01.2021 sind demnach 3.404 unerwünschte Reaktionen gemeldet worden, darunter 182 Fälle mit schwerwiegenden Reaktionen und 69 Todesfälle. Dazu erklärt das PEI:

---

230 Uwe Gradwohl, Medizin Corona-Impfung - das sollte man darüber wissen. SWR Wissen 19.01.2021
231 https://www.spiegel.de/wissenschaft/medizin/corona-impfstoffe-und-mutationen-was-der-astrazeneca-reinfall-in-suedafrika-bedeutet-a-c4be7fef-9ac8-4f61-ad12-dc07ba994fdc#ref=rss
232 https://www.dw.com/de/covid-19-brauchen-wir-neue-impfstoffe/a-56507593
233 https://www.spiegel.de/wissenschaft/medizin/moderna-und-biontech-pfizer-so-sicher-sind-die-zugelassenen-impfstoffe-a-5fd77d1f-8f83-4841-92e0-c7d387b36a2f

*„Wenn ältere Menschen oder Menschen mit schweren Vorerkrankungen und einem erhöhten Sterberisiko geimpft werden, dann wird es eine gewisse Anzahl von zufälligen Todesfällen geben, die kurz nach der Impfung auftreten, ohne aber kausal mit der Impfung assoziiert zu sein."*[234]

Sonst ist man bemüht, jeden Todesfall auch schwerst Erkrankter, wenn nur irgend ein Nachweis von SARS -CoV-2 zu finden ist, als Coronatod zu definieren. Jetzt schließt man ohne jede Untersuchung einen ursächlichen Zusammenhang aus. Weltweit wird von Todesfällen nach der Impfung berichtet. In Europa gingen zunächst 23 Todesfälle aus Norwegen durch die Presse. Die Auswertung der Todesfälle ergab, dass alle Gestorbenen älter als 75 waren und schwere Grunderkrankungen hatten. Der Chef der norwegischen Gesundheitsbehörde erklärte dazu, es könnte nicht ausgeschlossen werden, dass Nebenwirkungen der Corona-Impfungen den Tod mitverursacht hätten.[235]

Die norwegische Gesundheitsbehörde hat ihre Anweisungen zur Impfung älterer, gebrechlicher Menschen gegen COVID-19 darauf hin geändert. Bei dieser Bevölkerungsgruppe könnten die üblichen Nebenwirkungen der Impfung zu schweren Verläufen führen, wie die Auswertung von Todesfällen kurz nach der Impfung mit einem mRNA-Impfstoff gezeigt habe.[236]

Das PEI sieht dagegen keinen Anlass, das Impfprogramm zu ändern, obwohl es berichtet, dass das mittlere Alter der Gestorbenen 84 Jahre war. Es erklärt abschließend: *„Es sind inzwischen mehrere Millionen Dosen der Impfstoffe, die in der EU zugelassenen sind, angewendet worden. Sowohl die Analyse des Paul-Ehrlich-Instituts als auch die internationalen Daten weisen nicht auf ein neues Risikosignal hin."*[237]

Das ist zumindest leichtfertig, denn einige Vorkommnisse in Altersheimen legen den Zusammenhang von Impfung und Tod bei alten Menschen nahe.

In Miesbach in Bayern starben in einer Senioreneinrichtung immerhin sieben Personen nach der Impfung. 41 der Bewohner wurden positiv auf den Virus getestet. 34 davon waren zuvor geimpft worden. Auch 24 Mitarbeiter wurden positiv getestet, von denen 5 geimpft waren. Es handelt sich also um einen richtigen Corona-hotspot, der eventuell durch die Impfung ausgelöst wurde. Dafür spricht auch, dass im gesamten Landkreis von März bis Dezember lediglich 5 Todesfälle in Heimen zu beklagen waren.[238]

---

234 www.pei.de/SharedDocs/Downloads/DE/newsroom/dossiers/sicherheitsberichte/sicherheitsbericht-27-12-bis-24-01-21.pdf S. 3.

235 www.merkur.de/welt/corona-impfung-norwegen-nebenwirkungen-todesfaelle-biontech-patienten-impfstoff-richtlinien-warnung-zr-90174341.html

236 www.aerzteblatt.de/nachrichten/120251/COVID-19-Norwegen-aendert-Impfanweisungen-fuer-aeltere-gebrechliche-Menschen

237 PEI, Sicherheitsbericht, vgl. Fußnote 234, S.4

238 https://reitschuster.de/post/bayern-sieben-tote-nach-corona-impfung-in-altersheim/

In einem Pflegeheim in Uhldingen-Mühlhofen (Bodenseekreis) starben 13 Personen nach der Impfung. Ein Informant gibt an, die Verstorbenen seien vor der Impfung noch durchaus vital gewesen. Reitschuster schrieb: *„Ein inhaltlicher Zusammenhang zwischen der Impfung und den Todesfällen wird von der Behörde und der Heimleitung kategorisch ausgeschlossen“*.[239]

Als größte methodische Schwäche der Impfstoff-Studien bezeichnete der schwedische Arzt Sebastian Rushworth die Auswahl der TeilnehmerInnen. Bei Astra-Zeneca waren 87 Prozent zwischen 18 und 55 Jahren und nur 4 Prozent über 70. Der Gesundheitszustand der Testpersonen war optimal gut. Es gab z. B. keine fettleibigen Personen. Das Impfstoffprotokoll sagt nichts aus über die Wirkung bei alten und erkrankten Menschen.

Auch bei Biontech und Moderna waren weniger als fünf Prozent über 75 Jahre und älter. Auch deren Klienten mussten gesund und wenigstens stabil sein.[240] Deswegen ist die Eignung der Impfstoffe dieser Firmen für sehr Alte und Gebrechliche fraglich.

Es muss doch sehr verwundern, dass ein Impfstoff, der vor allem alte Leute vor Todesgefahr schützen soll, so wenig im Hinblick auf diese Gruppe getestet wurde. Dabei sind Impffolgen auch bei gesunden und jüngeren Menschen durchaus heftig. Starke Schwellungen an der Einstichstelle, hohes Fieber oft mit Schüttelfrost, starke Kopf- Glieder- und Muskelschmerzen, Durchfall, Übelkeit und Erbrechen werden gemeldet. Und zwar nicht selten. Mehr als ein Viertel der Belegschaften von Einrichtungen sollen sich nach der Impfung vor allem mit dem Impfstoff von Astra-Zeneca krank gemeldet haben.[241]

Im Gegensatz zu Astra-Zeneca gibt Biontech Ausschlüsse an. Für Schwangere, Autoimmunerkrankte und Menschen mit allergischen Reaktionen auf Impfstoffe, wird das Produkt nicht empfohlen. Bei allen bisher zugelassenen Impfstoffen sind Kinder ausgeschlossen. Aber die Ausschlussliste ist viel zu kurz. Sucharit Bakhdi weist im Kapitel „Der Impfrausch“ seines neuen Buches auf zahlreiche weitere Risiken der Impfstoffe hin. Er urteilt: Wir wissen nicht *„ob sie wirken, wie gut sie wirken, was sie bewirken“* - aber es wird massenhaft verimpft. *„Jeder Mensch, der sich jetzt impfen lässt, ist Teil dieses riesigen Experiments.“*[242]

Die Europäische Arzneimittelzulassungsstelle — European Medicines Agency (EMA) hat mRNA-Impfstoffen eine „bedingte Zulassung“ erteilt. Bedingt heißt, dass laut EMA der endgültige klinische Studienbericht erst im Dezember 2023 vorgelegt werden muss. Ob und in welchem Umfang es Nebenwirkungen bzw. Wirkungen gibt, wird im Wesentlichen erst nach der Impfung überprüft. Erst

239 https://reitschuster.de/post/tote-nach-impfung-im-seniorenheim-wurde-druck-ausgeuebt/

240 https://sebastianrushworth.com/2021/01/10/are-the-covid-vaccines-safe-and-effective/

241 www.welt.de/vermischtes/article226521797/Corona-Krankenhaeuser-stoppen-Impfungen-mit-AstraZeneca-Vakzin.html

242 https://coronafehlalarm.de/wp-content/uploads/2021/02/corona_unmasked_leseprobe.pdf

nach weit mehr als zwei Jahren steht fest, was größer ist: Nutzen oder Risiko! Es ist also durchaus nicht sicher, dass uns die Impfungen von den jetzigen Gegenmaßnahmen gegen das Coronavirus erlösen werden.

## 5.5 „Die Pandemie traf alle unvorbereitet"[243]

### 5.5.1 Impfallianzen

Seit 20 Jahren werden regelmäßig mit hochrangiger internationaler Beteiligung große Pandemieübungen durchgeführt. Ein zentrales Thema aller Pandemieübungen war die Entwicklung von Impfstoffen. Erst durch geeignete Impfstoff, so die Pläne, könne die Gefahr endlich gebannt werden.

Am Ende der Übung Clade X (2018) stand die Forderung an die Regierung, umgehend die nötigen Mittel bereitzustellen, um neue Impfstoffe innerhalb von Monaten und nicht Jahren entwickeln zu können.[244] In der abschließenden Empfehlung an die Regierung hieß es:

*„Jüngste Entwicklungen in der synthetischen Biologie (...) eröffnen neue Möglichkeiten für die schnelle Entdeckung wirksamer Medikamente und Impfstoffe. Ebenso sind neue Ansätze für Gegenmaßnahmen, wie selbstverstärkende mRNA Impfstoffe (...), vielversprechende Plattformen, die im Notfall eine schnelle Entwicklung ermöglichen. (...) All dies könnte in verteilter Form geschehen, sodass mehr Menschen an mehr Orten Gegenmittel produzieren und in großem Maßstab produzieren könnten."* [245]

Das Schmieden von Allianzen für die weltweite Impfstoffproduktion bildet seit vielen Jahren ein wesentliches Element der Planung zur Pandemiebekämpfung. Am 29. Januar 2000 wurde die Impfallianz Global Alliance for Vaccines and Immunisation (GAVI) beim Weltwirtschaftsforum in Davos gegründet. Ihr Ziel ist, Kindern vor allem aus Entwicklungsländern den Zugang zu Impfungen zu ermöglichen. Mitglieder von GAVI sind Regierungen aus Industrie - und Entwicklungsländern, die WHO, UNICEF, die Weltbank, die Bill and Melinda Gates Foundation, NGO,s und Impfhersteller aller Länder. Sitz ist Genf. GAVI bündelt die Nachfrage nach Impfstoffen und kann auf diese Weise große Mengen einkaufen. Insgesamt fragt UNICEF 40 Prozent des globalen Impfstoffvolumens nach. Der größte private Geldgeber ist die Gates Foundation. *„Gavi hat für die Jahre 2000 bis 2017 Zusagen über 8,2 Milliarden US-Dollar für Programme in den Partnerländern erhalten. Der Großteil dieser Gelder wird für Impfstoffe ausgegeben, insbesondere für neuere und teurere."*[246]

---

243 www.neopresse.com/gesundheit/merkel-pandemie-erst-vorbei-wenn-alle-geimpft-sind/

244 Vgl. Schreyer, S. 90

245 www.centerforhealthsecurity.org/our-work/events/2018_clade_x_exercise/pdfs/Clade-X-policy-statements.pdf

246 www.aerzte-ohne-grenzen.de/die-globale-impfallianz-gavi

Auf dem Weltwirtschaftsforum 2016 in Davos wurde die Gründung einer neuen Initiative zur Impfstoffentwicklung beschlossen: CEPI – Coalition for Epidemic Preparedness Innovations (Koalition für Innovationen in der Epidemievorbeugung). CEPI wurde dann 2017 durch die Regierungen von Norwegen und Indien, den britischen Welcome Trust, das Weltwirtschaftsforum und die Bill and Melinda Gates Foundation gegründet. Ein erster Geschäftsplan sah für die ersten fünf Jahre ein Budget von einer Milliarde vor.[247] Das Bundesministerium für Bildung und Forschung (BMBF) fördert CEPI.

Ende April 2020 wurde die Covax-Initiative gegründet. Covax ist eine öffentlich-private Partnerschaft von Regierungen und Pharmaindustrie, die die rasche Entwicklung, Herstellung und weltweite Bereitstellung von Covid 19-Tests, Medikamenten- und Impfstoffen fördern soll. Beteiligt sind die WHO, Gavi und Cepi. Gründungsveranstalter waren der WHO- Generaldirektor, der französische Präsident, der Präsident der Europäischen Kommission und die Bill and Melinda Gates Foundation. Mit all diesen Initiativen arbeiten die Regierungen vor allem der reichen Länder eng zusammen, denn *„es wird nicht so wie früher werden, solange wir keinen Impfstoff und keine Medikamente haben"*, erklärte Angela Merkel auf der Pressekonferenz am 28. August 2020 und ebenso die Covid-19-Beauftragte der WHO: *„Die Weltbevölkerung kann nachhaltig vor dem Coronavirus SARS-CoV-2 nur durch umfangreiche Impfungen geschützt werden."*[248] Das alles ist Musik in den Ohren der Pharma-Branche. Covax hat allerdings nur das Ziel, mindestens 20 Prozent der Weltbevölkerung zu impfen.[249] Covax, finanziert vor allem von ihren reichen Mitgliedsländern, kauft den Pharmakonzernen Impfdosen ab und verteilt sie an ärmere Länder. Es geht um ein Volumen von 1,3 Milliarden Impfdosen. Bisher verfügt Covax jedoch nur über rund fünf Milliarden Dollar,[250] zu wenig um die angekündigten Dosen zu bezahlen.

Da die Pharmaindustrie über eine gewaltige Lobby-Macht verfügt, hat sie schon im Vorfeld der Politik erhebliche Zugeständnisse abgetrotzt.

### 5.5.2 Haftungsausschluss.

*„Die Europäischen Union gewährt Herstellern von potentiellen Impfstoffen gegen Covid-19 eine eingeschränkte Haftung im Fall von unvorhergesehen Nebenwirkungen"*, erklärte die Vorsitzende des Verbandes Europäischer Impfstoffhersteller, Sue Middleton. *„Die Kommission oder die Mitgliedstaaten würden die Unternehmen im Wesentlichen für Kosten entschädigen, die von rechtlichen Schritten aufgrund solcher Fälle entstehen".*

---

247 Vgl. https://de.wikipedia.org/wiki/Coalition_for_Epidemic_Preparedness_Innovations (13.10.20)

248 www.aerzteblatt.de/nachrichten/116050/WHO-Herdenimmunitaet-bei-Coronavirus-nur-durch-Impfung-sicher

249 www.gavi.org/covax-facility

250 www.netdoktor.at/coronavirus/covax-corona-impfstoffe-fair-verteilen-10569778

Die USA garantieren allen potentiellen Impfstofflieferanten Haftungsfreistellung im Fall unvorhergesehener Nebenwirkungen. Auch die WHO erklärte ihren Mitgliedsstaaten, dass sie sich auf Forderungen nach beschränkter Haftung einstellen müssten, wenn sie sich in Verhandlungen zu Vorverkaufsabkommen begeben. Begründet wird der Haftungsausschluss damit, dass die Hersteller die Impfstoffe viel schneller herstellen müssten als unter normalen Umständen. Statt um 10 Jahre oder mehr, gehe es jetzt um 12 bis 18 Monate. Deswegen müssten die Risiken der Hersteller ausgeglichen werden.[251]

Die EU kam laut Angaben des Talanx-Versicherungschefs Torsten Leue im Rahmen der Verhandlungsgespräche nicht darum herum, den Impfstoffherstellern Zusagen im Bezug auf mögliche Haftungsansprüche zu machen. So hätten die Hersteller dem Versicherungschef zufolge auf eine Beteiligung der Staaten gedrungen, da diese nicht das Risiko für eventuell in vielen Jahren auftretende Impfschäden tragen wollten. *„Die Staaten übernehmen daher aufgrund fehlender Erfahrungswerte in der Kürze der Zeit dieses Risiko, weil es privatwirtschaftlich nicht kalkulierbar ist"*, erklärt der Experte gegenüber der "WirtschaftsWoche".[252]

### 5.5.3 Abnahmegarantien

Dazu erklärt die Europäische Kommission: *„Um Unternehmen bei der raschen Entwicklung und Herstellung eines Impfstoffs zu unterstützen, wird die Kommission im Namen der Mitgliedstaaten Garantien mit einzelnen Impfstoffherstellern vereinbaren. Im Gegenzug für das Recht, innerhalb eines bestimmten Zeitraums eine bestimmte Anzahl von Impfstoffdosen kaufen zu können, wird die Kommission einen Teil der Vorlaufkosten der Impfstoffhersteller finanzieren. Dies erfolgt in Form von Abnahmegarantien. Die bereitgestellten Mittel werden als Anzahlung für die Impfstoffe betrachtet, die tatsächlich von den Mitgliedstaaten erworben werden. Die entsprechenden Mittel stammen zu einem großen Teil aus dem 2,7 Mrd. Euro schweren Soforthilfeinstrument. Zusätzliche Unterstützung wird durch Darlehen der Europäischen Investitionsbank gewährt."*[253]

### 5.5.4 Beschleunigte Zulassungsverfahren

Dazu schreibt das Institut für medizinische Mikrobiologie und Hygiene AGES, Wien: *„Für Covid-19 Impfstoffe gibt es ein beschleunigtes Zulassungsverfahren (kürzer) und ein so genanntes Rolling-Review Verfahren (d. h. die behördliche Begutachtung beginnt bereits parallel bei den letzten Entwicklungsschritten, anschließend erfolgt ein kurzes Zulassungsverfahren) – beide erfolgen ohne*

---

251 www.aerzteblatt.de vom 27.08.2020

252 www.finanzen.net/nachricht/geld-karriere-lifestyle/haftung-bei-impfschaeden-haftungsansprueche-wer-beim-covid-19-impfstoff-das-risiko-traegt-9663178

253 Pressemitteilung der Europäischen Kommission. Letzte Aktualisierung 19.10.2020

*Abstriche in Qualität und Umfang der Begutachtung und sollen rasch eine Zulassung wirksamer und sicherer Impfstoffe gegen Covid-19 ermöglichen.“* [254]
Dass keine Abstriche an Qualität und Umfang erfolgen, ist eine reine Behauptung. Das verkürzte Verfahren geht auch damit einher, dass die Phasen der klinischen Erprobung zusammengelegt und verkürzt werden. Deswegen wird es auch als Teleskopverfahren bezeichnet.
Normalerweise werden 3 Phasen der klinischen Erprobung von Impfstoffen unterschieden. Die I. Phase findet mit 10 bis 30 Personen statt; die II mit 50 bis 500; die III mit mehr als 10.000 Personen. *„Durch eine Kombination der Phasen I/II und II/III kann die klinische Erprobung von Impfstoffen schneller vonstatten gehen. Seit Juli wurden Phase-II/III- und Phase-III-Studien mit sechs Impfstoffen begonnen.“* [255]
Die genbasierten Impfstoffe enthalten genetische Informationen in Form von DNA oder mRNA. Teile der Erbinformation von Erregern werden, in Nanoteilchen verpackt, in Zellen eingeschleust. Sind die Impfstoffe im Körper, sollen sie dort Virusproteine bilden, die ein Immunsystem aufbauen. Inzwischen sind in der EU vier dieser Impfstoffe zugelassen. Der von Biontech/Pfizer, der von Astra-Zeneca, der von Moderna und zuletzt der von Johnson & Johnson. Curevac und andere werden folgen. In vielen Ländern wird fieberhaft an der neuen Technologie gearbeitet und nahezu die Hälfte der angemeldeten Studien betriffen genetische Technologien mit RNA, DNA und viralen Vektoren.
Die Bundesregierung favorisiert eindeutig die genbasierten Impfstoffe. Von den bereit gestellten 750 Millionen Euro gingen allein 375 Millionen an BionTech und 252 Millionen an Curevac. Beide Unternehmen sind führend in der mRNA Technologie. Ein geringerer Betrag ging an IDT-Biologika, die einen Vektor-Impfstoff entwickelt. Auch bei der Bestellung von Impfstoffen stehen die Firmen mit genbasierten Impfstoffen an vorderster Stelle.[256]
Die großen Pharmakonzerne steigen immer erst in die Produktion ein, wenn die Produktentwicklung der kleinerer Forschungsfirmen sich der Marktreife nähert. Die großen Firmen liefern dann das Kapital zur massenhaften Produktion. So ging Pfizer mit Biontech zusammen, Bayer steigt bei Curevac ein, für die auch Elon Musk Produkionsstätten zum Druck der künstlichen Virenseqenzen aufbaut. Der mit der Universität Oxford entwickelte Impfstoff AZD 12222 wird von Astra-Zeneca produziert. Auch Moderna suchte mit der Baseler Firma Lonza einen europäischen Partner. Der Endverbraucher bezahlt auf diese Weise das Produkt dreimal. Die Grundlagenforschung, die die Basis für die Produktion von Wirkstoffen bildet, wird gesellschaftlich über Steuern bezahlt. Die Forschung

---

254 AGES, 02.09.2020

255 www.vfa.de/de/arzneimittel-forschung/coronvirus/wie-impfstoffe-gegen-covid-19-erprobt-werden (25.09.2020)

256 www.bundesregierung.de/breg-de

zur Produktentwicklung wird über Steuergelder aus dem Staatshaushalt gefördert. Die Produktvermarktung und Produktverfügung reißen sich zuletzt die großen Pharmariesen unter den Nagel und machen Profit, indem sie, vor allem wenn das Produkt knapp ist, Monopolpreise verlangen. Das ist ein klassisches Beispiel für den grundlegenden Widerspruch der kapitalistischen Gesellschaft. Die Produktion der Güter geschieht weitgehend gesellschaftlich, aber die Privateigentümer behalten die Verfügungsgewalt über Produktionsanlagen und Produkte und vermehren ihr Kapital. Die Gewinnerwartungen der Pharmagiganten sind immens. Fieberhaft haben die die reichen Länder bei den Herstellern Impfstoffe gekauftund geordert. Die Produktion kommt kaum nach. Schon jetzt sind weltweit 11,3 Milliarden Impfstoffe bestellt worden.[257]

5,8 Milliarden erwachsene Menschen leben auf der Welt. Gleichermaßen verteilt könnten bald alle Menschen geimpft werden. Ob das sinnvoll ist, sei hier dahingestellt. Aber es ist das erklärte Ziel der Pandemie-Politiker und ihrer Pharmakonzerne. Das Ziel ist weit entfernt, denn die reichen Länder bunkern den Großteil der verfügbaren Ware bei sich und denken nicht daran abzugeben. In der Impffrage zeigen sich Egoismus und Nationalismus unverblümt.

Die Idee einer „gerechten“ Impfstoffverteilung ist nichts als eine schöne Theorie. UNO Generalsekretär Antonio Guterres sagte dazu vor dem UN-Menschenrechtsrat, 10 Länder hätten 75 Prozent der weltweit vorhandenen Impfstoffe reserviert. Mehr als 130 Länder hätten nicht eine einzige Dosis erhalten. Das sei ein menschliches Versagen (Spiegel. s. o.). Da hilft auch nicht, dass WHO-Chef Ghebreyesus warnt, dass der Impfprotektionismus auf die reichen Länder zurückschlage, weil die zahlreichen Mutationen alle Maßnahmen, sich zu schützen, zunichte machen könnten, wenn nicht weltweit geimpft werde.

Am Verschenken haben die Pharmakonzerne nicht das geringste Interesse. Für sie zählt in erster Linie der Profit. Naturgemäß sind sie nicht bereit, ihn sich schmälern zu lassen, indem sie z. B. auf die Lizenzrechte verzichten. Nur ein weitgehend monopolisiertes Geschäft ist wirklich Gewinn versprechend. Und die Gewinnmargen begeistern.

Fast alle großen Pharmakonzerne haben sich in die Schlacht geworfen. Die fünf größten Pharmakonzerne der Welt in der Reihenfolge ihres Umsatzes sind: Roche (Schweiz), Pfizer, Johnson & Johnson und Merck u. Co. aus den USA und Novartis (Schweiz). Ihr Umsatz war 2019 über 40 bzw. zwischen 34 und 40 Mrd. Euro.[258] Die zehn größten Konzerne repräsentieren einen Umsatz von ca. 300 Mrd. Euro Umsatz. Dazu kommen noch Mammutkonzerne aus China, Russland und Indien. Es ist anzunehmen, dass auf dem Pharmaweltmarkt nahezu eine Billion Dollar umgesetzt werden. Die Gier, sich vom Impfstoffmarkt den größt-

---

257 www.spiegel.de/politik/ausland/corona-impfung-es-waere-genug-impfstoff-fuer-alle-da-wenn-reiche-laender-teilen-a-bf31a8f0-83c6-4452-9fd7-223c2abb8bb7

258 Capital, 4. September 2020

möglichen Teil zu sichern, ist unermesslich. *„Die Impfstoff-Suche hat wohl den größten Wettlauf ausgelöst, den die Wissenschaft je gesehen hat."* [259] Die Preise für eine Impfdosis liegen zwischen 37 US-Dollar (Moderna) und 4 Dollar (Astra-Zeneca). Der Durchschnittspreis liegt bei 20 US-Dollar.[260] 20 Dollar für 11,3 Milliarden Impfstoffe macht einen Umsatz von 226 Milliarden Dollar. Da lohnt es sich, die Todesangst vor dem Virus weiter am Kochen zu halten. Der Impfstoff ist aber nur ein Kostenteil. Die Impfung ist um vieles teurer. Unzählige Dienstleister sind beteiligt. Es braucht Impffläschchen und Nadeln, Verpackungen, Kühlung und Transport und zuletzt Injektionen und Verwaltung. Alles zusammen genommen, ist anzunehmen, dass eine Impfung mindestens 100 Dollar verschlingt. Das eingerechnet, ist man schnell bei einem Umsatzvolumen von über einer Billion Dollar. Und das Schönste: Die Impfungen kann man Jahr für Jahr erneuern. Wen muss es da wundern, dass die Pharmaindustrie zu den wesentlichen Propagandisten der Theorie vom „Killervirus" zählt. Die Pharmaindustrie gehört ohne Zweifel zu den Profiteuren der Pandemie. Im Fokus ihres Interesses stehen die mRNA-Impfstoffe. Dazu schreibt Mario Linimeier von der Medical Strategy GmbH: *„Sollte erfolgreich ein mRNA-basiertes Projekt auf den Markt kommen, dann könnte das den Türöffner darstellen für eine Flut an mRNA-basierten Impfstoffen beziehungsweise Wirkstoffen. Und das eröffnet sehr große Umsatzchancen."* [261]

## 5.6 „Niemand wird gezwungen, sich impfen zu lassen"[262]

Die Befürchtung, dass zur Bekämpfung von Covid-19 eine allgemeine Impfpflicht angeordnet würde, wurde als *fake news* zurückgewiesen. Jens Spahn erklärte im Bundestag: *„Ich gebe Ihnen mein Wort: Es wird in dieser Pandemie keine Impfpflicht geben."*[263] Zu Beginn der Pandemie sollte es nach ihm auch keinen Maskenzwang geben. Diese Zusage hielt damals nur, solange es nicht genug Masken gab. Als dann genug produziert waren, wurde sogar der Typ vorgeschrieben. Die vielfältig bunte selbstgebastelte Maskenfreude nahm ein uniformes, bürokratisches, teures und gewinnträchtiges Ende. Die Möglichkeit zur Impfpflicht ist schon im Infektionsschutzgesetz verankert. Das Bundesgesundheitsministerium ist ermächtigt, Teile der Bevölkerung unter bestimmten Voraussetzungen zu einer Impfung zu verpflichten. Ob die Regierung darauf verzichtet, hängt davon ab, ob sie für nötig hält. Das wiederum hängt im Wesentlichen davon ab, wie hoch die freiwillige Impfbereitschaft ist. Die Zustimmung

259 S. Haas, www.zdf.de/nachrichten/panorama/corona-medikament-impfstoff-unterschied-100.html
260 https://de.statista.com/infografik/23690/preise-fuer-eine-dosis-ausgewaehlter-covid-19-impfstoffe/9
261 www.daserste.de/information/wirtschaft-boerse/plusminus/sendung/swr/corona-impfstoff-forschungswettlauf-100.html (25.03.2020)
262 www.bild.de/politik/inland/politik/corona-ansage-von-angela-merkel-wer-zuerst-geimpft-werden-soll-73830288.bild.html; www.wallstreet-online.de/nachricht/13130261-merkel-corona-impfpflicht
263 www.aerztezeitung.de/Nachrichten/Internationale-Debatte-um-Corona-Impfpflicht-415125.html

zur Pandemie-Politik bröckelt. Ein Drittel der Bundesbürger lehnt inzwischen die Einschränkung von Freiheitsrechten in der Pandemie „eher" oder sogar „voll und ganz" ab und 34 Prozent wollen sich auch nicht gegen das neuartige Coronavirus impfen lassen. Das sind Ergebnisse einer am 24.2.2021 vorgestellten Repräsentativ-Befragung.[264] Andere sehen die Impfbereitschaft noch skeptischer. Der Verhaltensökonom Gerhard Fehr antwortete auf die Frage, wie viele Menschen sich am Ende impfen lassen: *„35 Prozent vielleicht. Wenn wir Pech haben, nur 20 Prozent. Das reicht nicht."* Er folgert daraus: *„Der Impfstoff wird uns nicht in eine neue Zeit katapultieren, wenn nicht komplementär eine Impfpflicht eingeführt wird"* (FAZ 20.11.2020). Ähnliche Überlegungen stellt Kim Björn Becker in einem Leitkommentar der FAZ an. Er verlangt, dass alles dafür getan werden müsse, *„dass die Bürger hierzulande ein angemessenes Vertrauen in den Corona – Impfstoff setzen."* Er bezweifelt, dass die Bereitschaft hinreicht, um auf dem Impfweg Herdenimmunität zu erreichen. Deswegen *„wäre (es) falsch, das Thema (Impfpflicht) kategorisch mit einem Tabu zu belegen."* Blieben die Impfzahlen dauerhaft zu niedrig *„brauchte es zumindest eines: eine breite gesellschaftliche Debatte über eine Impfpflicht."* Begründet solle sie damit werden, dass man nur so die Alten und chronisch Kranken aus ihrer Isolation befreien könne (FAZ 07.12.2020).
Gerhard Fehr unterschätzt mit Sicherheit die Impfbereitschaft. Die brutale Angstkampagne und die sich zum Dauerzustand verlängernden Shutdowns haben die Bevölkerung so weich gekocht, dass der weit überwiegende Teil trotz tiefgehender Skepsis gegen die Turboimpfstoffe bereit ist, die Impfung auf sich zu nehmen. Ein anderer Weg, wieder zu einem normalen Leben zu gelangen, wird nicht gesehen und geboten. Der Druck wird über die Verhältnisse erzeugt. Wirkt er, braucht man keinen gesetzlichen Impfzwang. Menschen wollen reisen, wollen einkaufen und bummeln, essen gehen, Konzerte und Kinos besuchen. Die Anbieter dieser Dienste wollen verdienen und überleben. Sie fordern Freiheit für Geimpfte. Schon Ende des letzten Jahres haben erste internationale Fluggesellschaften erklärt, dass sie das Fliegen vom Impfstatus abhängig machen wollen. Tourismusanbieter folgten. Heute wird die Forderung von den Verbänden der Gastronomie, der Hoteliers und des Einzelhandels breit erhoben. Dazu erklärt die Justizministerin Christine Lambrecht: *„Wenn sicher feststeht, dass von Geimpften keine Gefahr für andere ausgeht, fällt ein wichtiges Begründungselement für den Grundrechtseingriff weg."* Ihrer Ansicht nach spreche nichts dagegen, wenn private Unternehmen Angebote nur für Geimpfte anböten (FAZ 23.01.2021). „Die Wissenschaft" ist schon intensiv dabei, den geforderten Nachweis zu liefern, dass Geimpfte nicht mehr infektiös sind. Die politische Entscheidung für den Impfpass haben die Staats- und Regierungschefs der EU

264 www.aerztezeitung.de/Politik/Jeder-dritte-Bundesbuerger-will-keine-Corona-Impfung-417387.html

am 25.02.2021 schon getroffen. Der Impfpass wird kommen. Die Europäische Kommission wurde aufgefordert, die technischen Voraussetzungen dazu zu schaffen. Jeder Geimpfte soll einen QR-Code vorweisen können, der zu einer Datenbank führt, mit der eine Bescheinigung überprüft werden kann (FAZ 26.02.2021). Es wird in Aussicht gestellt, dass die technischen und datenrechtlichen Probleme binnen drei Monaten gelöst werden könnten. Bis zur Haupturlaubssaison 2021 könnte der Impfpass vorliegen. Damit wird die Digitalisierung wiederum vorangetrieben. Millionen Menschen, auch solche, die bisher zurückhaltend waren, werden sich ein Smartphone kaufen müssen. Die Möglichkeit, die Bürger zu überwachen, erreicht eine weitere Dimension. Auch ein weiterer Schritt zur digitalen Gesundheitskarte wäre damit geschaffen. Es zeigt sich erneut: Das Dementi von heute ist oft die Wahrheit von morgen. Nicht einmal vier Prozent der Bevölkerung hat Mitte März die zweite Impfung. Die Impfkampagne läuft schleppend. Deswegen warnt Merkel vor zu hohen Erwartungen. Solange nicht den meisten Bürgern ein Impfangebot gemacht werden könne, dürfte man sie nicht ungleich behandeln. Sie weist darauf hin, dass die Regierungen versprochen haben, keine Impfpflicht durch die Hintertür einzuführen (FAZ 26.02.2021). Als Übergangslösung, um zu Freiheiten zu gelangen, wird nun ein vereinfachtes und massenhaft einsetzbares Schnelltestverfahren angeboten. Fallen die Ergebnisse im Einzelfall negativ aus, darf dann z. B. auch ein Kontaktbesuch eines Verwandten im Altersheim erfolgen. Schnelltests geben allerdings nur eine Momentaufnahme. Schon am nächsten Tag ist das Ergebnis nicht mehr gültig. Für neue „Freiheiten“ muss wieder neu getestet werden. Die Schnelltests sind unzuverlässig. Obwohl die Wahrscheinlichkeit, dass sie ‚falsch positiv‘ anzeigen, relativ groß ist, muss bei positivem Testergebnis auf jeden Fall ein PCR-Test durchgeführt werden. Von diesem neuen technischen Spielzeug, das den Herstellern satte Profite sichert, verspricht sich die Regierung, zusammen mit der Impfung, die Ausbreitung des Virus zu verhindern. Mit der Ankündigung, wesentliche bürgerliche Rechte an den Impfstatus und den Impfpass zu knüpfen, hofft sie, die Impfbereitschaft erhöhen zu können, ganz „ohne Zwang“. Muss uns erst ein bürgerlicher Journalist (und Jurist) daran erinnern, was „Grundrechte“ sind? So schrieb Heribert Prantl zu Jahresanfang: *„Grundrechte sind keine Privilgien, die man sich erst durch ein bestimmtes Handeln oder durch ein bestimmtes Verhalten verdienen kann oder verdienen muss.“ Grundrechte sind keine Belohnung, keine Gratifikation, kein Bonus, kein 13. Monatsgehalt. Sie sind einfach da, jeder hat sie, jeder darf sie in Anspruch nehmen. Grundrechte heißen Grundrechte, weil sie dem Menschen als Mensch und/oder als Staatsbürger zustehen.*[265]
Grundrechte können uns nicht gleichgültig sein.

265 www.sueddeutsche.de/politik/prantls-blick-coronavirus-impfungen-grundrechte-1.5163982

# 6 Überlegungen zu Hintergründen der Lockdown-Politik

## 6.1 „Das Virus traf uns unvorbereitet“

Am 18. Oktober 2019 wurde in einem Luxushotel in der Mitte New Yorks eine große Übung mit dem Titel „Event 201“ abgehalten. Die Konferenzteilnehmer kamen aus Regierungen, Wirtschaftsverbänden, großen Unternehmen, Stiftungen und Regierungsorganisationen. Eingeladen hatten das Johns Hopkins Center for Health Security, das Weltwirtschaftsforum und die Bill and Melinda Gates Stiftung.

Das Szenario war eine schwere Pandemie, ausgelöst durch ein Coronarvirus, das dem Tierreich entstamme (Zoonose). Das Virus sei hoch ansteckend; ein Impfstoff stehe nicht zur Verfügung. Nach 18 Monaten habe die Welt 65 Millionen Tote zu beklagen. Die Pandemie komme erst zur Ruhe, wenn ein Impfstoff gefunden sei oder 80 – 90 % der Weltbevölkerung sich angesteckt hätten.

In einer Presserklärung schreibt das Johns Hopkins Center for Health Security: *„Die Pandemieübung Event 201 unterstreicht die unmittelbare Notwendigkeit einer globalen öffentlich-privaten Zusammenarbeit, um die schweren wirtschaftlichen und sozialen gesellschaftlichen Auswirkungen von Pandemien zu mildern“.*

*„Ausbrüche von Infektionskrankheiten sind unvermeidlich, aber der wirtschaftliche Schaden, den sie verursachen, ist es nicht. ... Im Vorfeld einer schweren Pandemie ist die anhaltende Aufmerksamkeit einer breiten Multistakeholder–Koalition erforderlich, um Leben zu retten und die wirtschaftlichen und gesellschaftlichen Folgen zu minimieren“,* sagte Ryan Morhard, Projektleiter für globale Gesundheitssicherheit beim Weltwirtschaftsforum (Free Wiki, Event 201). Das Weltwirtschaftsforum *„ist die internationale Organisation für öffentlich–private Zusammenarbeit“.*

*„Stakeholder sind Akteure aus verschiedenen sozialen, politischen und wirtschaftlichen Bereichen, die absichtlich zusammenarbeiten, um einen physischen, sozialen, wirtschaftlichen oder politischen Bereich zu regieren. Das Spektrum der Akteure kann multinationale Unternehmen, Regierungen, zivilgesellschaftliche Gremien, akademische Experten, Anführer von Gemeinschaften, religiöse Vertreter, Medienpersönlichkeiten und andere institutionelle Gruppen umfassen.“* Stakeholder sind also Interessengruppen, Multistakeholder bedeutet die Einbeziehung aller Interessengruppen. Ihre Koaliton, die Multistakeholder-Koalition zielt auf das Bündnis aller Interessengruppen.

Zweck ist es, die Regierungsführung (Governance) auf dem Boden einer Multistakeholder-Koalition zu betreiben. Darüber schreibt Wikipedia: *„Multistakeholder-Governance ist ein neues und sich wandelndes Governance-System. Es versucht, Interessengruppen zusammenzubringen, um am Dialog, an der Ent-*

*scheidungsfindung und an der Umsetzung von Antworten auf gemeinsam wahrgenommene Probleme teilzunehmen. Das Prinzip hinter einer solchen Struktur besteht darin, dass, wenn genügend Input von den an einer Frage beteiligten Akteuren geliefert wird, die schlussendliche einvernehmliche Entscheidung mehr Legitimität gewinnt und wirksamer umgesetzt werden kann als eine traditionelle staatliche Reaktion. Während sich die Entwicklung der Multi-Stakeholder-Governance vor allem auf internationaler Ebene vollzieht, sind öffentlich-private Partnerschaften (PPPs) inländische Analogien."* Die Pandemie wurde schon früh durch eine Multistakeholder-Governance gesteuert.

Zur Methodik von Event 201 gehörte ein zentrales Planspiel. Die 15 „ Rollenspieler" waren hochkarätig und international: Latoya Abbott, Risikochefin der US-Hotelgruppe Marriott International, Sofia Borges, Vizepräsident der Stiftung der Vereinten Nationen, Brad Connett, Präsident der Henry Schein Group (der weltweit größte Hersteller von medizinischen Geräten), Christopher Elias, Leiter global Development bei der Bill and Melinda Gates Foundation, Tim Evans, ehemaliger Direktor des Gesundheitsministeriums der Weltbank, George Gao, Direktor des China Center for Disease Control and Prevention, Avril Haines, ehemalige stellvertretende CIA-Direktorin und ehemalige nationale Sicherheitsberaterin von Präsident Barack Obama, Jane Halton, ehemalige australische Gesundheitsministerin, Direktorin der ANZ (Bank of Australia and New Zealand), Matthew Harrington, Direktor von Edelman, der weltweit größten PR-Firma, Martin Knuchel, Leiter der Krisensituationen des Luftverkehrskonzerns Lufthansa, Eduardo Martinez, Rechtsberater des weltgrößten Postlogistikunternehmens UPS und Direktor der UPS Foundation, Stephen Redd, Stellvertretender Direktor der US Centers for Disease Control and Prevention, Hasti Taghi, Vice President der Communications Group NBCUniversal, Adrian Thomas, Vizepräsident des Pharmariesen Johnson and Johnson und Lavan Thiru, Gouverneur der Zentralbank von Singapur.

Die großen Konzerne, die bei Event 201 in Partnerschaft mit Regierungsvertretern ein Pandemieszenario durchspielten, haben das ureigene Interesse, ihr Kapital in Abstimmung mit staatlichen Stellen bestmöglich zu verwerten. Um das zu verschleiern, wird unternehmerische Gesellschaftsverantwortung demonstriert, d. h. Corporate Social Responsibility (CSR). *„Die Thematik CSR hat in den letzten Jahren kontinuierlich an Bedeutung gewonnen. Von Unternehmen wird heute nicht nur erwartet, dass sie sich zu ihrer gesellschaftlichen Verantwortung bekennen, sondern ebenso der Nachweis, dass sie dieser gerecht werden. Für die Unternehmensführung erwächst hieraus die Herausforderung, mit dieser Erwartung angemessen umzugehen, da anderenfalls der Verlust der unternehmerischen Akzeptanz in der Gesellschaft sowie eine Verschlechterung der unternehmerischen Kooperationsfähigkeit drohen. Durch die Übernahme* *von gesellschaftlicher Verantwortung positionieren sich Unternehmen als gute Partner in der Gesellschaft und schaffen damit Voraussetzungen für langfristigen Erfolg"* (vgl. Gablers Wirtschaftslexikon).

### 6.1.1 Seit über 20 Jahren Vorbereitung auf eine Pandemie

Mit der Tagung „Event 201" wurde eine wirklich repräsentative privat-staatliche Gemeinschaft zusammengebracht. Diese Konferenz und ihr zentrales Anliegen hat eine langjährige Vorgeschichte. Das hat Paul Schreyer in seiner hervorragenden Untersuchung „Chronik einer angekündigten Krise" dargelegt.[266]

Mitveranstalter von „Event 201" war das der Johns Hopkins Universität angegliederte Center for Health Security (Zentrum für Gesundheitssicherheit). Es existiert seit 1998. Erst hieß es Zentrum für zivile Bioverteidigungsstudien, wurde dann in Center für Biosecurity umbenannt und später zum Center for Health Security (ebd. 34). Es wurde u.a. durch hohe Spenden von Milliardären finanziert. Ausgangspunkt für die Arbeit des Instituts war das Szenario eines terroristischen Anschlags mit Biowaffen, mit Viren, Bakterien und Giften. Davor müsse die Bevölkerung mit Biosecurity geschützt werden. Die erste Konferenz des Zentrums für Bioverteidigungsstudien fand 1999 statt. 900 Teilnehmer aus 10 Ländern waren eingeladen. Der nationale Antiterror–Koordinator Richard Clarke erklärte auf der Konferenz: *„Die Initiative umfasst die Wiederbelebung von Forschung und Entwicklung in der Bioverteidigungswissenschaft; sie investiert in die Sequenzierung des Genoms von Krankheitserregern, in die Erforschung neuer Impfstoffe, in die Erforschung neuer Therapeutika und in die Entwicklung verbesserter Erkennungs- und Diagnosesysteme"* (ebd. 56). Auch dieser Tagung wurde ein Rollenspiel zu Grunde gelegt. Terroristen hatten mit Pockenviren eine fiktive Stadt angegriffen. Es ging um die mediale Darstellung der Gefahr, um die Verteilung von Impfstoffen, die Anordnung von Quarantäne und den Einsatz der Nationalgarde.

Nach den Anschlägen vom 9. September *„entstanden länderübergreifende Strukturen, mit deren Hilfe die nationalen politischen Reaktionspläne auf Epidemien synchronisiert wurden"* (ebd. 68 f.). Auf Einladung des US-Gesundheitsministers trafen sich im November 2001 die Gesundheitsminister Deutschlands, Frankreichs, Italiens, Großbritanniens, Kanadas, Japans und Mexikos. Sie gründeten die sogenannte Global Health Security Initiative (ebd. 69). Die Gruppe traf sich fortan jährlich. Schon 2002 erweiterte die Gruppe das Notfallprogramm auf Pandemien: *„Wir haben erkannt, dass es viele Gemeinsamkeiten gibt in der Notfallplanung für Bioterrorismus und für eine Grippeepidemie. Wir haben uns geeinigt, eine technische Arbeitsgruppe zur Grippeepidemie einzurichten, die gemeinsam von den USA und Großbritannien geleitet wird, um bestehende*

266 Paul Schreyer, Chronik einer angekündigten Krise. Wie ein Virus die Welt verändern konnte. Frankfurt(Main) 2020

*Lücken anzugehen und den Forschungsbedarf zu untersuchen. Die Arbeit sollte in Zusammenarbeit mit der WHO und anderen geeigneten internationalen Organisationen durchgeführt werden"* (ebd. 70).
Die internationale Gruppe führte ihre erste Übung im September 2003 durch. Diesmal nahmen auch Vertreter der WHO und der Europäischen Kommission teil, ebenfalls Mitarbeiter des Robert-Koch- Institut. Die Konferenz wies der WHO die Rolle zu, in zukünftigen Krisen die zentrale Stelle zu sein, bei der alle Daten zusammenlaufen und verteilt werden sollten (ebd. 71).
Die nächste Übungsrunde fand im Januar 2005 unter dem Titel „Atlantic Storm" statt. Die Rolle des US-Präsidenten spielte Ex-Außenministerin Madeleine Albright, die WHO- Chefin die ehemalige norwegische Ministerpräsidentin Gro Harlem Brundtland. Außer den RollenspielerInnen waren mehr als 100 Beobachter aus Politik, Militär, Medien und der Pharmaindustrie eingeladen. Im Anschluss gab US–Präsident George Bush einen Plan bekannt, der die USA vor einer drohenden Influenza-Pandemie schützen sollte. Er forderte eine Notfall-Unterstützung von 7,1 Milliarden Dollar, die hauptsächlich auf Impfstoffe verwendet werden sollte.
Die weltweite Vernetzung von Notfall – und Übungsplänen ging in den folgenden Jahren zügig voran. Ab 2012 wurden auch Vertreter der VR China in die Absprachen einbezogen. Die nächsten großen Übungen mit breiter internationaler Beteiligung waren dann 2018 eine Übung mit dem Namen „Clade X" und 2019 die anfangs genannte Übung „Event 201".
Eine breite internationale Allianz aus führenden Wirtschaftsunternehmern, privaten Stiftungen und führenden Repräsentanten der wichtigsten Staaten bereitete sich über 20 Jahre auf eine die ganze Welt bedrohende virologische Gefahr vor, der nur mit radikalen Abwehrmaßnahmen begegnet werden könne. Besonders die Einbeziehung der WHO und damit der UNO bewirkte, dass heute das Virus SARS-CoV-2 weltweit mit überwiegend ähnlichen Maßnahmen bekämpft wird. Es ist nicht die besondere Gefährlichkeit des Virus, die überall Lockdowns hervorgerufen hat, sondern die langjährige Vorbereitung von Konzernen, privaten Stiftungen und Staaten.
Sie hat dazu geführt, dass man nach dem Auftreten von SARS-CoV-2 den Ernstfall gekommen sah. Ob dem ein Plan zugrunde lag oder ob das Virus wirklich für so lebensbedrohend gehalten wurde – das Szenario wurde wie geplant mit allen Konsequenzen abgespult, ohne vorher zu untersuchen, wie gefährlich das konkrete Virus wirklich sein könnte. Wer das für eine haltlose Verschwörungstheorie hält, vertuscht die Profit- und Herrschaftsinteressen, die der jetzigen Pandemie und ihrer Planung zugrundeliegen. Er macht sich damit zum Teil der privat-public-Partnerschaft von Konzernen und Staaten, die inzwischen Parteien, Gewerkschaften, Kirchen und auch viele Linke umfasst.

### 6.1.2 Vorbereitung ohne Bereitstellung von Schutzausrüstung

Regierung und Entscheider waren also theoretisch gut vorbereitet, doch die Vorbereitung sollte in der Umsetzung nichts kosten. Daran änderten auch die Warnungen vor Millionen Toten durch mögliche Virus-Pandemien nichts. In der Pandemie-Risikoanalyse von 2013 wurden konkrete Vorsorgemaßnahmen für erforderlich gehalten: Masken, Schutzanzüge, Desinfektionsmittel.[267]

Aber die Bundesregierung legte diese Vorräte nicht an. Wie in Industriebetrieben waren outsourcing und just-in-time-Versorgung angesagt. Diejenigen, die Pflegebedürftige und Kranke zu versorgen hatten, taten das im März und April 2020 also oft ohne den notwendigen Schutz. *„Besser vorbereitet, hätte es* (Deutschland) *sich viel Leid und Tod ersparen können."*[268] *„Viel Tod"* (wie viel?) von wem hätte also vermieden werden können, wenn man für den „Schutz des Lebens" ein paar hundert Millionen Euro ausgegeben hätte? Sind es Hunderte oder Tausende?

## 6.2 „Die WHO ist vor allem eine Organisation von Staaten"

Die 1948 gegründete Weltgesundheitsorganisation (WHO) hat sich viele Verdienste im Kampf gegen Krankheiten erworben. Sie sorgte z.B. mit Impfungen dafür, Pocken und Kinderlähmung weitgehend zu eliminieren. Doch seit den 1990er Jahren entwickelte sie sich mehr und mehr zu einer Organisation, die in erster Linie von privaten Profitinteressen abhängig ist. 2017 schrieb Jakob Simmank bei Zeit-online: *„Der heimliche WHO-Chef heißt Bill Gates"*. Thomas Kruchem teilte noch im Januar 2019 im SWR mit: *„Die WHO am Bettelstab. Was gesund ist, bestimmt Bill Gates."*[269] Dr. Andreas Wulf (Medico International) schrieb unter dem Titel „Bill Gates und die WHO - Nur ein Symptom": *„Die Mitgliedsbeiträge der 191 Staaten, die die finanzielle Selbständigkeit der WHO sichern sollen, machen nur 20 Prozent ihres Budgets aus, mehr als Dreiviertel sind thematisch und projektgebundene Mittel."*[270] Noch deutlicher Dr. Bernd Hontschik: *„Die WHO hat allem voran ihre Unabhängigkeit verloren, seit sich immer mehr Regierungen aus der Finanzierung zurückgezogen haben. Durch viel zu geringe Pflichtbeiträge der Mitgliedsländer wurde die WHO in die Arme der Pharmaindustrie getrieben. Es werden knapp 80 Prozent des WHO-Jahresetats von 4,4 Milliarden Dollar von diesen Pharma-Spenden bestritten. An erster Stelle steht die Bill-and-Melinda-Gates-Stiftung, die alleine über 600 Millionen Dollar spendet. Im Vorstand dieser Stiftung sind alle großen Pharmafirmen vertreten. Lukrative Medikamenten- und Impfprogramme werden seitdem von der*

267 Bundestagsdrucksache 17/12051 vom 3.1.2013

268 Christian Geinitz, Schauriger Geburtstag, FAZ 20.2.2021

269 zit. n. Andrej Hunko, WHO-Wer bestimmt was gesund ist? in: Hannes Hofbauer, Stefan Kraft (Hg.), Lockdown 2020, Wie ein Virus benutzt wird, die Gesellschaft zu verändern, Wien 2020, S. 43

270 www.medico.de/blog/nur-ein-symptom-17786 20.06.2020

*WHO gefördert, von Basisgesundheitssystemen ist keine Rede mehr. Die WHO macht also Politik für ihre Spender. Das alles hat sich in meiner Lebenszeit abgespielt. Die einstige Autorität der WHO ist dahin. Sie ist zu einem Teil der Gesundheitswirtschaft geworden. Und so sollte man alles, was von der WHO kommt, mit großer Vorsicht genießen und nicht vergessen, dass aus der ursprünglichen Absicht der Förderung der Gesundheit in den Ländern dieser Erde eine korrupte, weltumspannende Lobbyorganisation geworden ist."*[271]

Zugleich *„ist es eine Tatsache, dass dies die einzige Organisation ist, die eine globale Reaktion auf die Pandemie koordinieren kann"*[272] und dabei die Interessen der Pharmaindustrie vertritt. William Gates sagte deshalb nicht zu Unrecht: *„Die Welt braucht die WHO jetzt mehr denn je"* (ebd. 136). Es wundert nicht, dass die WHO zum Nutzen der Pharmaindustrie Pandemieplanung betreibt. Sie unternahm zwei Versuche, eine Pandemie vorschnell auszurufen. *„So wurden nach dem Auftreten des H5N1-Virus (sogenannte Vogelgrippe H5N1) im Mai 2005 – aufgrund der Warnung des damaligen Impfdirektors Klaus Stöhr vor einer möglichen weltweiten Grippeepidemie („bis zu 7 Millionen Tote") – von Regierungen für Millionen die Grippemittel Tamiflu und Relenza angeschafft. Zwar verbreitete sich das Virus weltweit, jedoch kam es nur selten zu Erkrankungen beim Menschen, sodass weltweit nur 152 Menschen an der „Vogelgrippe H5N1" verstarben, weit weniger als bei einer saisonalen Grippe. 2007 wechselte Klaus Stöhr von der WHO zum Pharmakonzern Novartis."* Dann folgte 2009 die Schweinegrippe.

*„Nach dem Auftreten des A/H1N1-Virus (sogenannte Schweinegrippe) erhöhte die WHO mit der Verbreitung der Krankheit die Epidemiewarnstufe schrittweise bis zur höchsten Stufe 6 (Pandemie). Die Regierungen bestellten daraufhin Impfstoffe (alleine in Deutschland für ca. 450 Mio. Euro) und Grippemittel. Kritik löste dabei vor allem aus, dass die derzeitige Direktorin der WHO-Impfstoffabteilung – Marie-Paule Kieny – vor ihrer Tätigkeit bei der WHO beim französischen Pharmaunternehmen Transgene S.A. beschäftigt war, der strategische Partnerschaften zur Impfstoffherstellung mit dem Schweizer Pharmakonzern Roche unterhält. Der Europarat ging dem Verdacht nach, dass es ein enges Zusammenspiel zwischen WHO und Pharmaindustrie gab."*[273]

## WHO 2009: Definition für Pandemie geändert

Einen Monat vor Ausbruch der Schweinegrippe änderte die WHO ihren Stufenplan für die Ausrufung einer Pandemie in einem wesentlichen Punkt. Die Weltgesundheitsorganisation WHO hielt lange drei Bedingungen für das Ausrufen

271 Bernd Hontschik, Es war einmal 14.07.2018 FR-Online. https://mezis.de/wp-content/uploads/2018/07/205-180714-WHO.pdf

272 Klaus Schwab, Thierry Malleret, COVID-19: Der große Umbruch, Genf 2020, 136

273 www.heise.de/forum/Telepolis/Kommentare/EU-Kommission-und-WHO-sagen-Impfverweigerung-den-Kampf-an/Klaus-Stoehr-und-Marie-Paule-Kieny/posting-35231552/show/

einer Pandemie (d. h. einer weltweiten Seuche) für notwendig. *„Ein Influenza-Pandemie tritt auf, wenn ein neuer Influenza Virus erscheint, gegen den die Menschheit keine Immunität hat, wenn sie zu verschiedenen, gleichzeitigen Epidemien weltweit führt, mit enormen Zahlen von Toten und Krankheiten."*[274] Hohe Todeszahlen und schwere Krankheitsverläufe wurden 2009 - einen Monat vor Ausbruch der Schweinegrippe - aus den Voraussetzungen für das Ausrufen einer Pandemie entfernt. Eine harmlose Schweinegrippe, an der nur wenige Menschen starben, konnte damit 2009 zur Pandemie erklärt werden. Zur Freude der Pharmaindustrie, die auf Staatskosten mit der Empfehlung des RKI und von Prof. Drosten Millionen Impfdosen für die Impfung der Bevölkerung Deutschlands herstellen konnte, die allerdings großenteils nicht zum Einsatz kamen.[275] Die Fehlprognose kostete weltweit etwa 30 Mrd. Euro. Die gleichen Akteure, die 2009 eine Pandemie mit Katastrophenzahlen begleiteten, ragten 2020 bei der Corona-Pandemie wieder heraus. Jetzt läuft alles auf die Impfung von Milliarden Menschen hinaus, die allein zum Ende von Pandemie und Lockdown-Maßnahmen führen könnte.

## 6.3 Personalnotstand in Krankenhäusern – Warum?

Die stationäre Krankenpflege ist dramatisch unterbesetzt. Laut dem Gesundheitsökonomen Prof. Simon müssten bis zu 260.000 Vollzeitkräfte zusätzlich eingestellt werden, wenn die Personalbesetzung pro 1.000 Einwohner auf das Niveau Dänemarks oder Norwegens angehoben werden sollte. Im Jahr 2015 entfielen in Deutschland 4,53 Vollzeitpflegekräfte auf 1.000 Einwohner, in Dänemark 8,04, in Norwegen 8,14.[276] Deutschland ist zwar Spitzenreiter bei gewinnträchtigen Betten auf Intensivstationen (ITS), liegt aber weit zurück bei der Personalausstattung.

Der Personalmangel hat erhebliche Auswirkungen. In Deutschland gibt es dazu keine groß angelegten Untersuchungen, wohl aber im Ausland. Der *„weit überwiegende Teil dieser Studien kam zu dem Ergebnis, dass es einen signifikanten Zusammenhang zwischen der Anzahl und Qualifikation des Pflegepersonals und einem Großteil von Komplikationen gibt. Unterbesetzung erhöht das Risiko schwerer und lebensbedrohlicher Komplikationen bis hin zum Versterben."*[277] Personalmangel ist also mitverantwortlich für den vorzeitigen Tod von Patienten. Es fehlt u. a. an Zeit, den Zustand von Patienten ausreichend zu beobachten und bei Komplikationen zeitnah einzugreifen. Die Folgen und Ursachen des Personalnotstandes bei den Krankenhäusern untersuchte Prof. Simon in

---

274 WHO 2006 http://web.archive.org/web/20061230201645/www.who.int/csr/disease/influenza/pandemic/en/print.html

275 https://arznei-telegramm.de/html/2010_06/1006059_01.html

276 Simon, Michael: www.boeckler.de/de/faust-detail.htm?sync_id=9128 November 2020, S. 182

277 www.boeckler.de/de/boeckler-impuls-krankenhauser-fallpauschalen-abschaffen-28850.htm

seiner grundlegenden Ausarbeitung mit dem Titel „Das DRG-Fallpauschalensystem für Krankenhäuser".[278]

### 6.3.1 Personalnotstand – Folge des DRG[279]-Fallpauschalensystems

2002 „reformierte" die SPD-Grünen-Bundesregierung die Krankenversicherung. Absicht war, die Sozialversicherungsbeiträge auf höchstens 40 Prozent der Bruttolöhne zu begrenzen. Dieses Ziel wurde erreicht. Die Beitragssätze sanken von 41,3 Prozent im Jahre 2002 auf 39,8 Prozent in 2020. Die Beiträge zur Krankenversicherung jedoch stiegen. Sie hätten allerdings noch erheblich stärker steigen müssen, wenn es keine Kürzungen bei Personalausgaben und keine höheren „Eigenbeteiligungen" gegeben hätte.
Die Krankenhausversorgung wurde zum Zweck der Kostenbegrenzung auf ein Fallpauschalen-System umgestellt. Über 60 Prozent der Krankenhauskosten entfallen auf das Personal. Vor allem hier setzten die Kürzungen an. Fallpauschalen werden auf der Basis nicht repräsentativer Stichproben bei Krankenhäusern festgesetzt. Es werden durchschnittliche Kosten von Fallgruppen ermittelt, nicht jedoch die Behandlungsqualität. Wenig pflegebedürftige Patienten werden mit derselben Pauschale abgerechnet wie stark pflegebedürftige. Das führt zur Stilllegung von Abteilungen, deren Personalausstattung überdurchschnittliche Zuwendung nicht decken kann. Seit Einführung der Fallpauschalen vor mehr als 25 Jahren wurde deswegen ein Viertel aller Kinderkliniken und Kinderabteilungen abgebaut und 40 Prozent der kinderklinischen Betten.[280] Kinder brauchen mehr Zuwendung und damit mehr Zeit. Das Fallpauschalensystem bestraft *„eine überdurchschnittlich gute Personalbesetzung mit Verlusten und belohnt Unterbesetzung mit Gewinnen"*.[281]
Seit 1.1.2020 werden Personalkosten aus den Fallpauschalen herausgenommen und über ein Pflegebudget gesondert abgerechnet. *„Im Pflegedienst der Krankenhäuser herrscht jedoch bereits so lange chronische Unterbesetzung und Arbeitsüberlastung, dass immer mehr Pflegekräfte aus den Kliniken in andere Bereiche abgewandert oder ins Ausland ausgewandert sind, ihre Arbeitszeit zum Schutz ihrer Gesundheit reduziert haben oder vorzeitig berentet werden mussten. In der Folge haben Krankenhäuser mittlerweile erhebliche Probleme, qualifiziertes Pflegepersonal auf dem Arbeitsmarkt zu finden."*[282] Für Krankenhäuser bleibt es lukrativ, sich auf Fälle zu konzentrieren, mit denen man mit möglichst wenig Personal möglichst hohe Fallpauschalen einnehmen kann. Saisonale Schwankungen und Belastungsspitzen werden nicht eingeplant.

---

278 Boeckler, Fallpauschalen s. Fußnote 276

279 DRG=Diagnosis Related Groups. Fallgruppen werden gebündelt und in Geldpauschalen bewertet.

280 Bernd Hontschik, Ware Fürsorge, FR vom 27.2.2021

281 Boeckler, Fallpauschalen s. Fußnote 277

282 Simon 2020, 179

Nach Einführung der Fallpauschalen fielen zwischen 2002 und 2006 an deutschen Krankenhäusern 33 000 Vollzeitstellen in der Pflege weg, etwa zwölf Prozent. Dieser personelle Aderlass wurde nie wieder wettgemacht. Auch bei Ärzten gibt es eine Unterversorgung. Der ärztliche Dienst wurde deswegen von 2002 bis 2017 um 46 000 Vollzeitstellen aufgestockt. Da aber die Fallpauschalen die Einnahmen der Krankenhäuser finanziell deckelten, wurden die Personalausgaben für zusätzliche Ärzte durch Abbau von Pflegepersonal sowie von technischem und Servicepersonal aufgewandt. 40-50 Prozent der Letzteren wurden in Tochterfirmen mit deutlich schlechterer Bezahlung ausgegliedert.[283]
Während die Behandlungskosten von den Krankenkassen getragen werden, sind die Bundesländer für Investitionen in die Krankenhäuser zuständig. Seit vielen Jahren kommen die Bundesländer dieser Aufgabe nur "*unzureichend*" nach: Jährlich fehlen laut Bundesrechnungshof den Krankenhäusern gemessen an ihrem Bedarf rund drei Milliarden Euro. In allen Bundesländern war die Quote an Investitionsfördermitteln auch "*stark rückläufig*".[284] Die Folgen sind dramatisch: Viele Krankenhausträger verwenden Erlöse aus den Fallpauschalen, um nötige Investitionen zu bezahlen. Das Geld wird von der Versorgung der Patienten abgezogen, z. B. durch die Senkung von Personalausgaben. Diese Möglichkeit gibt es erst mit Einführung der Fallpauschalen. Erst ab da konnten Krankenhäuser durch Personalkürzungen Überschüsse erwirtschaften, die sie für Privatstationen, Neubauten usw. verwenden konnten.[285]
*„Eine Modellrechnung auf Grundlage des 1993 ermittelten Personalbedarfs ergab, dass 2013 unter Berücksichtigung der seitdem gestiegenen Fallzahlen, des höheren Anteils alter und hochaltriger Patienten sowie einer gegenüber 1993 deutlich höheren Zahl an vor-, teil- und nachstationären Behandlungen und ambulanten Operationen weit mehr als 100.000 Vollkräfte im Pflegedienst fehlten.“*[286] *„Die* (Corona)*Krise hat sehr deutlich gezeigt, wie groß unsere Personalprobleme sind. ... Die Fehlanreize des Fallpauschalensystems, insbesondere betriebswirtschaftliche Anreize zur weiteren Leistungsverdichtung auf Kosten des Krankenhauspersonals, haben maßgeblich zu Personalengpässen gerade in der Pflege beigetragen“*, so Dr. Susanne Johna, die Vorsitzende des Marburger Bundes.[287] In der Pandemie verschlechterte sich die Lage noch.

283 Boeckler, Fallpauschalen abschaffen s. Fußnote 277
284 www.zdf.de/nachrichten/wirtschaft/krankenhaus-finanzen-rechnungshof-spahn-100.html
285 Simon 2020, 182-184
286 Simon 2020, 180
287 Dtsch Arztebl 2020; 117(33-34) www.aerzteblatt.de/archiv/215035/Krankenhausfinanzierung-in-der-Coronapandemie-Es-bleiben-Unsicherheiten

### 6.3.2 Fallpauschalensystem – Senkung von Lohnkosten – Erhöhung von Unternehmensgewinnen

Die Krankenversicherungsbeiträge sind von 2002 bis 2020 im Schnitt von 14 Prozent auf 15,7 Prozent gestiegen.[288] Auf ein Prozent der Beiträge entfallen etwa 14,8 Mrd. Euro, auf den „Arbeitgeberbeitrag" also die Hälfte, d. h. 7,4 Mrd. Euro. Arbeitgeberbeiträge sind letztlich Lohnkosten, deren Senkung die Unternehmensgewinne erhöht. Erhöhungen des Krankenkassenbeitrags um ein Prozent führen also zu 7,4 Mrd. Euro geringeren Unternehmensgewinnen. Das von Arbeitgeberverbänden und der Bundesregierung verfolgte Ziel, die Sozialversicherungsbeiträge insgesamt auf 40 Prozent des Bruttoentgelts zu begrenzen, begrenzt auch das Ausgabenvolumen der Krankenversicherung bzw. der Krankenhäuser. Das Fallpauschalensystem ist eine staatliche Gebührenordnung für das Krankenhauswesen, durch die ein gesetzlich vorgeschriebenes Ausgabenvolumen nicht überschritten werden soll. Der Personalnotstand im Gesundheits- und Pflegewesen, der das Personal dauerhaft „am Limit" arbeiten lässt, ist erwünscht bzw. wird in Kauf genommen. Das Fallpauschalensystem ermöglicht den Krankenhäusern Gewinne zu erwirtschaften. Es stärkt die Position privater Krankenhauskonzerne. Das Gesundheitswesen wird mehr und mehr zum Objekt privater Kapitalverwertung, während die öffentliche Versorgung zurückgefahren wird. Das System der Fallpauschalen hat eine Privatisierungswelle angeschoben. Inzwischen existieren in Deutschland erstmals weniger Allgemeinkrankenhäuser in öffentlicher Trägerschaft als Kliniken, die zu privaten kapitalistischen Konzernen gehören. Da Einnahmeausfälle durch die Corona-Pandemie nicht ausreichend ausgeglichen werden, setzt sich dieser Trend fort.

Der GKV-Spitzenverband (GKV=Gesetzliche Krankenversicherung) vertritt die 110 Kranken- und Pflegekassen in Deutschland. Für ihn sind Überkapazitäten verantwortlich für Personalabbau und Arbeitsverdichtung, nicht das Fallpauschalensystem. Würden Krankenhäuser geschlossen und Betten abgebaut, stünde dadurch für die verbleibenden Krankenhäuser mehr Personal bei einer geringeren Zahl von Betten zur Verfügung. Doch bei gleichbleibenden oder steigenden Fallzahlen führen Krankenhausschließungen und Bettenabbau dazu, dass bei kürzerer Verweildauer mehr Patienten zu versorgen sind. An der Unterbesetzung würde sich nichts ändern.[289] Das Ziel, hunderte von Krankenhäusern zu schließen, wurde bisher verfehlt. Oft wurde Stilllegung von Krankenhäusern vermieden, indem Personalausgaben gekürzt oder unrentable Abteilungen geschlossen wurden.

---

288 http://www.sozialpolitik-aktuell.de/files/sozialpolitik-aktuell/_Politikfelder/Finanzierung/Datensammlung/PDF-Dateien/abbII8.pdf

289 Simon 2020, 180-2

### 6.3.3 Mehr Stilllegungen von Krankenhäusern während der Pandemie

Im Pandemie-Jahr 2020 wurden mindestens 20 Kliniken geschlossen, so viele in einem Jahr wie schon lange nicht mehr. Viele dieser Krankenhäuser haben Corona-Patienten behandelt. Für die Förderung von Krankenhausschließungen stellt der Bund jährlich 500 Millionen Euro zur Verfügung, die Länder weitere 250 Millionen. Dreißig weitere Krankenhäuser sind im Jahr 2021 schließungsgefährdet.[290] Bundes- und Landesregierungen folgen der Bertelsmann-Stiftung, die im August 2019 vor Ausbruch der Pandemie gefordert hatte, mehr als die Hälfte aller deutschen Krankenhäuser zu schließen. Die Stiftung schrieb Mitte 2020: *„Gerade in außergewöhnlichen Belastungssituationen wie jetzt können wir es uns nicht leisten, die knappen Ressourcen auf viele Kliniken so aufzuteilen, dass Fachabteilungen nur unzureichend einsatzfähig sind."* Die Stiftung möchte den Personalnotstand durch Klinikschließungen beheben, um Personal für größere Kliniken freizusetzen.[291] Deshalb wurden wohl auch in der Atempause der Pandemie im Sommer keine Anstrengungen unternommen, dem Personalnotstand in den Krankenhäusern entschieden abzuhelfen. In der Pandemie kommt man dem Ziel näher, angebliche Überkapazitäten abzubauen. Vierzig Prozent der Krankenhäuser machen Verluste, stellte der Bundesrechnungshof fest, und zehn Prozent der noch 1.925 Kliniken drohe die Insolvenz.[292] Nach Gerald Gaß, dem Präsidenten der Deutschen Krankenhausgesellschaft, machen sogar zwei Drittel aller Kliniken in 2020 Verluste. Er befürchtet, dass viele Kliniken im ersten Quartal Löhne nicht mehr zahlen könnten.[293]

Die Bundesregierung legt das Schwergewicht ihrer Bemühungen, die Lage in den Krankenhäusern zu verbessern, auf die Bekämpfung von Infektionen außerhalb der Krankenhäuser. Die weitgehende Stilllegung des öffentlichen und privaten Lebens soll die Infektionszahlen reduzieren und damit auch Zahl von Covid-19-Patienten in Krankenhäusern. Cafes, Restaurants und Sportstätten zu schließen, gilt als wirksamer Beitrag dazu, die Personalengpässe in den Krankenhäusern zu bekämpfen. Selbst organisierter Personalnotstand dient als Begründung für den Entzug elementarer Freiheiten.

## 6.4 Personalnotstand in Pflegeheimen – Warum?

Laut dem Gesundheitsökonomen Prof. Rothgang fehlen 2020 in den Pflegeheimen 120.000 Vollzeitstellen. In einer umfassenden Untersuchung der Lage in Zusammenarbeit mit den Kostenträgern und den Betreibern[294] stellte er fest,

290 www.gemeingut.org/unterschriftenuebergabe-an-spahn-stopp-von-klinikschliessungen-gefordert, vgl. www.gemeingut.org/wp-content/uploads/2021/03/gib_taz_beilage12.03.2021_WEB_040321.pdf

291 www.nachdenkseiten.de/?p=68858 (15.1.2021)

292 www.zdf.de/nachrichten/wirtschaft/krankenhaus-finanzen-rechnungshof-spahn-100.html

293 https://rp-online.de/panorama/coronavirus/krankenhausgesellschaft-wieso-vielen-kliniken-langsam-das-geld-ausgeht_aid-55416211 (29.12.2020 )

294 www.gs-qsa-pflege.de/wp-content/uploads/2020/09/Abschlussbericht_PeBeM.pdf

*„dass wir gut ein Drittel mehr Pflegekräfte in Pflegeheimen brauchen, um die Voraussetzungen für fachgerechte Pflege zu haben."*[295]
Im Jahr 2018 standen bei 1.224 Pflegedürftigen in vollstationären Pflegeeinrichtungen im Durchschnitt pro Arbeitstag nur 99 Minuten statt der für eine fachgerechte Pflege notwendigen 141 Minuten zur Verfügung. Bei Pflegegrad V wären sogar für eine gute pflegerische Versorgung 224 Minuten statt 146 Minuten pro Tag erforderlich. Nach Auskunft der befragten PflegerInnen wurden bei nahezu allen körpernahen Interventionen (Körperpflege, Mundpflege, Nahrungsaufnahme, Toilettengänge, Positionswechsel) und einigen medizinisch-therapeutischen Interventionen (Wundversorgung, Injektionen, Medikamentengabe) Leistungen nicht fachgerecht, nur verspätet oder gar nicht erbracht. Dies gilt auch für hygienische Schutzmaßnahmen (ebd. 165). Auch für Interaktionen mit Pflegebedürftigen, Besuchern, KollegInnen usw. ist zu wenig Zeit vorhanden.
Viele Pflegekräfte sind hoch motiviert und arbeiten, um Qualitätseinbußen zu vermeiden, häufig am Rande ihrer Belastbarkeit. Die hohe Arbeitsintensität führt dazu, dass das Pflegepersonal sich zunehmend gehetzt fühlt. Die Hälfte der Pflegenden verzichtet auf ihre Pausen, um ihre Aufgaben zu erledigen.[296] Viele Pflegekräfte resignieren aus diesen Gründen, sind stark frustriert und unzufrieden. Der Krankenstand der Pflegekräfte ist überdurchschnittlich und verschärft die Arbeitsverdichtung. Oft müssen sie an Wochenenden mit Zusatzschichten einspringen oder Überstunden ableisten. Personalmangel führt zu vielen Kündigungen, d. h. zu hoher Fluktuation des Personals und zusätzlichen Einarbeitungszeiten. 56 Prozent des Personals arbeitet in Teilzeit, u. a. weil die Arbeitsbelastung bei Vollzeit zu hoch ist. Nicht zu vergessen: Arbeit in Pflegeheimen ist Schichtarbeit.
Diese Situation ist seit mindestens 20 Jahren bekannt.[297] Sie hat sich schon vor der „Corona-Krise" verschärft und in ihr noch mehr.[298] *„Gute Pflege gelingt nur mit Pflegekräften, die fair bezahlt werden und Arbeitsbedingungen haben, die ihnen ermöglichen gut zu pflegen."*[299] Gelingt gute Pflege nicht, ob vor, nach oder während der „Corona-Krise", trägt das dazu bei, dass Pflegebedürftige vorzeitig sterben.

### 6.4.1 Warum Personalnotstand und untertarifliche Bezahlung?

Meist wird Personalmangel als Ursache der Probleme genannt, ohne zu fragen, welche Interessen ihn hervorgerufen haben. Der Bundesregierung wird vorgeworfen, es verschlafen zu haben, ihn zu beheben. Doch die Bundesregierung hat nicht geschlafen. Sie bedient Interessen, die durch möglichst billige Versor-

---

295 www.tagesschau.de/inland/interview-rothgang-101.html (27.11.2020 )
296 ebd. 36
297 ebd.
298 Vgl. 2.1
299 Prof. Georg Cremer, Gute Pflege tut not, nicht Erbenschutz, FAZ 8.1.2020

gung der Pflegebedürftigen Gewinn erzielen. Das müsste im Mittelpunkt der Debatte stehen.

Fachgerechte Pflege und würdige Unterbringung hängen von der Finanzierung der entsprechenden Personal-, Gebäude- und Unterhaltskosten ab. Im Zentrum der Finanzierung steht seit 1995 die Pflegeversicherung. Sie nennt sich Versicherung, obwohl sie die Hauptlast der Kosten auf die Pflegebedürftigen und ihre Angehörigen abwälzt. Die Pflegeversicherung zahlt je nach Pflegegrad eine monatliche Pauschale, aber nur für pflegerische Aufwendungen und das nicht einmal in voller Höhe. Für alle Kosten darüber hinaus müssen die pflegebedürftigen alten Menschen selber aufkommen. Im Durchschnitt sind es 2.015 Euro im Monat. Dieser Betrag wird als „Eigenanteil" bezeichnet. Die gedeckelten Pflegeleistungen müssen mit 786 Euro „Eigenanteil" aufgestockt werden, 774 Euro pro Monat entfallen im Schnitt auf Unterkunft und Verpflegung und 445 Euro auf die Beteiligung an den Investitionskosten der Heime.[300]

Die notwendigen zusätzlichen 120.000 Pflegekräfte würden lauf Prof. Rothgang mit vier bis fünf Milliarden Euro zu Buche schlagen.[301] 20.000 zusätzliche Kräfte also mit etwa einer Milliarde Euro. Alle zusätzlichen Personalkosten müssen bisher von den HeimbewohnerInnen aufgebracht werden. Gesundheitsminister Spahn will das ändern. In Zukunft soll der „Eigenanteil" bei pflegerischen Leistungen drei Jahre nur noch maximal 700 Euro betragen. Der durchschnittliche „Eigenanteil" der Pflegeversicherten würde von jetzt 2.015 Euro auf 1.919 Euro sinken. Nach drei Jahren (einem Zeitraum, in dem die große Mehrzahl der HeimbewohnerInnen schon verstorben ist – vgl. 2.1) entfallen die 700 Euro ganz. Kosten für Pflege sollen dann von der Pflegeversicherung getragen werden. Das kommt vor allem denen zu gute, die ohne Zuschüsse des Sozialamts ihren Heimaufenthalt selbst finanzieren können.

Der „Eigenanteil" wird aus dem Einkommen der Versicherten gedeckt, vor allem ihren Renten. Bei einem Drittel der BewohnerInnen übernimmt die Sozialhilfe die Restkosten für Pflege, Investitionen und Unterkunft plus Verpflegung. Das Sozialamt verlangt die Auflösung von Geldvermögen über 5.000 Euro und den Verkauf von nicht mehr selbst bewohnten Immobilien oder Eigentumswohnungen zur Deckung der Heimkosten. Es bleibt die Zahlung eines Taschengelds (Barbetrag) von 120 Euro durch das Sozialamt.

Eine Pflegeversicherung, die ihren Namen verdient, müsste von Anfang an alle für eine fachgerechte Pflege notwendigen Kosten tragen. Sie müsste auch alle Investitions- und Gebäudekosten tragen. Die „Eigenanteile" dafür müssten entfallen. Da das Pflegeheim ein Wohnort ist, sollten PflegeheimbewohnerInnen wie beim Leben außerhalb der Heime dafür aufkommen. Das gegenwärtige Rentenniveau lässt das allerdings kaum zu. Die Durchschnittsrente in Deutsch-

300 www.tagesschau.de/inland/pflegereform-141.html vom 20.10.2020
301 www.tagesschau.de/inland/berichtausberlin-pflegekosten-101.html

land beträgt im Jahr 2019 netto 946 Euro. In den alten Bundesländern für Männer 1.140 Euro, für Frauen 728 Euro, in den neuen Bundesländern 1.110 Euro für Männer und 1.034 Euro für Frauen. Davon gehen eventuell Steuern ab. Da die Rentenversicherung und die ihnen zugrunde liegenden Löhne und Arbeitsjahre aus Arbeitsverhältnissen keine einigermaßen ausreichende Rente erlauben, ist eine Mindestrente von mindestens 1.050 Euro netto notwendig.
Die Pflegeversicherung wird aus Beiträgen finanziert, zur Zeit 3,05 Prozent vom Bruttolohn oder 3,3 Prozent für Versicherte ohne Kinder, paritätisch gezahlt durch Lohnabhängige und Unternehmer. Unternehmer finanzieren ihren Anteil durch die Abschaffung eines Feiertags, d. h. durch unbezahlte Überstunden. Sie haben keinerlei Interesse, für die Lebensverhältnisse von 820.000 pflegebedürftigen alten Menschen in Heimen aufzukommen, auch nicht für die 3,2 Millionen in ambulanter Pflege zu Hause. Sie wollen die Versicherungsbeträge möglichst niedrig halten, um die Renditen ihres Kapitals nicht zu gefährden. Fachgerechte Pflege mit ausreichendem Personal müsste auf Grund der pro Forma paritätischen Finanzierung durch eine Erhöhung der Beiträge finanziert werden. Bisher zahlen Lohnabhängige und Unternehmen einen Gesamtbeitrag von rund 28 Milliarden Euro jährlich in die Pflegesicherung ein. Auf Unternehmen entfallen also 14 Milliarden Euro.[302] Die Bundesvereinigung der Arbeitgeberverbände (BDA) als Interessenvertretung des Gesamtkapitals setzt sich nicht für die Erhöhung der Sozialversicherungsbeiträge ein, sondern für ihre Deckelung auf 40 Prozent. Die große Koalition hat dem zugestimmt. Das schließt die Übernahme der vollen Pflege- und Investitionskosten durch die Pflegeversicherung aus.
Die Behebung des Personalnotstandes müsste also überwiegend mit Steuergeldern erfolgen. Der BDA setzt sich jedoch für Steuersenkungen ein, der Bundesverband der deutschen Industrie (BDI) z. B. für die Senkung der Unternehmenssteuern von durchschnittlich 31 auf 25 Prozent. Beide wehren sich auch gegen die Einführung einer Vermögenssteuer.
Die Arbeitgeberverbände sind daran interessiert, den gegenwärtigen Personalnotstand und untertarifliche Löhne so lange wie möglich aufrechtzuerhalten. 42 Prozent der Heimträger sind kommerzielle Unternehmen, die kein Interesse an Tarifverträgen haben. Auf sie entfällt die Hälfte der Beschäftigten. 53 Prozent der Träger sind kirchliche und andere Wohlfahrtsverbände. Kirchliche Träger sind an Tarifverträge nicht gebunden. 5 Prozent sind kommunale Träger, bei denen ein Tarifvertrag gilt. Einen allgemein verbindlichen Tarifvertrag gibt es nicht. Viele Heime haben Dienste wie z. B. Reinigung an externe Unternehmen ausgegliedert, um Löhne zu drücken. Auch Leiharbeitskräfte dienen der Kostensenkung.

302 www.bundesgesundheitsministerium.de/themen/pflege/pflegeversicherung-zahlen-und-fakten.html#c3236

Das Lohnniveau in der stationären Pflege liegt 400-500 Euro unter dem der Krankenhäuser. Die BDA und die privaten Pflegeunternehmen wenden sich strikt gegen einen allgemeingültigen Tarifvertrag und entsprechende Lohnerhöhungen.[303] Die Kosten von Lohnerhöhungen müssten von der Pflegeversicherung, nicht von den Pflegebedürftigen getragen werden.

Der Pflegemarkt wird für gerade private Kapitalinvestoren immer attraktiver. Inzwischen stellen sie die ersten sieben der zehn größten Betreiber. Sie *„beherrschen als größte Organisationen den Pflegemarkt und entsprechend die Bedingungen, die in den Einrichtungen für Personal wie Bewohner herrschen."* Führend sind Korian und Alloheim. Da sich Möglichkeiten für rentable Kapitalanlagen allgemein vermindern, nimmt das Interesse von Anlegern am Pflegebereich zu. Nach Deloitte, einem der weltgrößten Beratungskonzerne, soll die Zahl der Pflegebedürftigen bis 2030 um 34 Prozent auf 4,1 Millionen zunehmen. Es würden bis zu 400.000 zusätzliche vollstationäre Pflegeplätze und Investitionen in Höhe von 85 Milliarden Euro benötigt.

Für Nordic Capital, Waterland, Carlyle, Oaktree oder Blackstone gilt: *„Egal ob IT, Immobilien oder Gesundheit. Für Fonds zählt nur die Rendite."* Ausreichende Löhne und gute Arbeitsbedingungen senken dabei die Renditen. *„Dem Treiben der Investoren und ihren Profitsteigerungen folgt spiegelbildlich ein zweites Karussell, um das erste am Laufen zu halten: das der Kostensenkung. Am einfachsten im größten Umfang geht das beim Personal." „Zweistellige Renditen für Finanzinvestoren und Kapitalgesellschaften – das ist nicht die Idee einer sozialen Pflegeversicherung"*, sagte der Spahn 2018.[304] Aber die Pflegeversicherung macht es möglich.

### 6.4.2 Versagen und Verschlafen?

Häufig wird angesichts des Personalmangels erklärt, die Verantwortlichen hätten versagt und Änderungen verschlafen. In Bezug auf die Interessen von Pflegebedürftigen scheint es so zu sein, jedoch nicht in Bezug auf die Profitinteressen des Kapitals, das möglichst niedrigen Kosten anstrebt. Die Interessenten an Personalmangel und untertariflicher Bezahlung fördern Verhältnisse in Pflegeheimen, die den vorzeitigen Tod von Pflegebedürftigen hervorrufen. Die Regierenden schliefen nicht, sie hatten kein besonderes Interesse an den Pflegebedürftigen, den Hauptopfern der „Corona-Krise". Sie konzentrieren sich auf die illusionäre Ausrottung des Virus, nicht auf die Vermeidung des vorzeitigen Todes von Pflegebedürftigen in Heimen und in ambulanter Versorgung zu Hause. Sie beschränken sich weitgehend darauf, tiefe Betroffenheit zu zeigen. Merkel z. B. erklärte: *„Mir bricht das Herz, wenn ich sehe, wie viele Menschen dort in Ein-*

---

303 FAZ 18.11.2020

304 Walther Becker: https://www.freitag.de/autoren/der-freitag/schwester-heuschrecke

*samkeit gestorben sind".*[305] Heimträger, Aufsichtsbehörden, Kommunen und Gesundheitsämter sehen bei sich so gut wie keine eigenen Versäumnisse. Westerfellhaus, der Pflegebevollmächtigte der Bundesregierung erklärte: *„Da muss nicht immer irgendjemand ‚schuld' sein".* Es könne eben in den Pflegeeinrichtungen keinen vollständigen Schutz vor Corona-Infektionen geben.[306] Es soll ein „kollektiver Kontrollverlust" gewesen sein, ohne dass dem irgendein ökonomisches Interesse zugrunde gelegen hätte. Nicht einmal parlamentarischer Untersuchungsausschuss zum vermeidbaren Tod von Pflegebedürftigen – wie in Schweden - ist in Sicht.

## 6.5 „Kein Arbeitsplatz sollte wegen Corona verlorengehen"[307]

In unserer ersten Broschüre stellten wir Überlegungen an, welchen Interessen der mit Lockdowns betriebene Kampf gegen SARS-CoV-2 nützt.[308] Wir nannten vor allem die Digitalindustrie und alle, die die Umstellung auf digitale Kommunikation nutzen, um Kosten und Arbeitskräfte einzusparen. Wir wurden von manchen verdächtigt, Verschwörungstheoretiker zu sein.
Der Umbau zu einer „kontaktlosen Wirtschaft" wird mit dem Schutz des Lebens vor einem gefährlichen Virus gerechtfertigt, das „social distancing" erzwingt. Angstmache wird zum Motor, sich von anderen Menschen zu isolieren. Das gilt als solidarisch. Persönliche Kontakte wahrzunehmen, gilt als verantwortungslos. Eine umfassende Analyse der Weltwirtschaftskrise und der sie verschärfenden Corona-Pandemie-Hysterie steht noch aus. Es muss sorgfältig untersucht werden, wem die Krise nützt und welche ohnehin schon vorhandenen Entwicklungstendenzen des Kapitalismus durch sie beschleunigt werden. Eine brauchbare Grundlage für diese Untersuchung bietet das Buch von Klaus Schwab und Thierry Malleret „COVID-19: Der große Umbruch" (*The Great Reset*) vom Juli 2020. In rechten Verschwörungsmythen wird sehr oft genannt, dass geplant sei, eine zentrale Weltregierung der Superreichen zu errichten. Häufig wird in diesem Zusammenhang auf Klaus Schwab hingewiesen. Das Buch des Vorsitzenden des Weltwirtschaftsforums, des Treffpunkts von multinationalen Konzernen und Staatenlenkern, ist jedoch alles Andere als ein Verschwörungsplan. Es legt aus Sicht eines Vertreters kapitalistischer Klasseninteressen in seltener Klarheit dar, wohin die Entwicklung gehen könnte. Deswegen stellen wir seine Analysen anstelle einer eigenen Analyse vor: Prof. Dr. Klaus Schwab, seiner Herkunft nach Maschinenbauindustrieller, ist Gründer (1971) sowie seit 1974 geschäftsführender Vorsitzender des Weltwirtschaftsforums (WWF). Das WWF nennt sich *„DIE internationale Organisation für öffentlich-private Zusammenarbeit,"* für

---

305 FAZ 22.1.2021

306 Britta Beeger u.a. Akte Altenheim – Chronik eines kollektiven Kontrollverlustes, FAZ 6.3.2021

307 Wirtschaftsminister Altmaier (CDU) am 13.3.2000, FAZ 13.03. 2021

308 Frankl/Roth/Weißert, Frankfurt(M.) 2020, S. 87-90

die Zusammenarbeit zwischen Konzernen und Staaten. Das WWF wurde als Internationale Organisation anerkannt und darf ganz offiziell in der UN mitreden. Das WWF möchte eine globale Multi-Stakeholder-Governance formen, eine allen Interessengruppen, d. h. allen „Stakeholdern" verpflichtete Global Governance (Weltregierung) (vgl. 6.1). Schwab deckt die Interessen, die das Kapital mit der Corona-Krise verfolgt, offen und nüchtern auf und rechtfertigt sie. Er gilt nicht als Verschwörungstheoretiker, obwohl er unsere Aussagen bestätigt. Schwab hat zusammen mit Thierry Malleret im Buch „COVID-19: der große Umbruch" die Interessen des Kapitals nüchtern analysiert.[309] Das Buch wurde im Sommer von S. K. H. The Prince of Wales und Professor Schwab während eines virtuellen Treffens vorgestellt, gefolgt von Erklärungen des UN-Generalsekretärs António Guterres und der geschäftsführenden Direktorin des IWF Kristalina Georgieva. Ihre Aussagen wurden von Stimmen aus allen Stakeholdergruppen (= Interessengruppen) der Weltgesellschaft unterstützt, darunter u. a.: Victoria Alonsoperez, Gründerin und Geschäftsführerin von Chipsafer, Uruguay; Caroline Anstey, Präsidentin und Geschäftsführerin von Pact, USA; Ajay S. Banga, Geschäftsführer, Mastercard, USA; Sharan Burrow, Generalsekretärin, Internationaler Gewerkschaftsbund (IGB), Brüssel; Ma Jun, Vorsitzender, Green Finance Committee, China Society for Finance and Banking; Bernard Looney, Geschäftsführer, BP; Juliana Rotich, Venture Partner, Atlantica Ventures, Kenia; Bradford L. Smith, Präsident, Microsoft."[310]

Als Stakeholder gelten auch die Lohnabhängigen und ihre Organisationen. Wie der große Umbruch für sie aussehen soll, hat das WWF im Oktober 2020 in einem "Weißbuch" mit dem Titel *„Resetting the Future of Work Agenda – Disruption and Renewal in a Post-Covid World*"[311] näher ausgeführt.[312] Bis 2030 geht das WWF u. a. von folgenden anzustrebenden Entwicklungen aus.[313]

84 Prozent aller (überwiegend geistigen) Arbeitsprozesse sollen durch digitalisierte virtuelle Videokonferenzen beschleunigt werden. Rund 83 Prozent der in Büros beschäftigten Menschen sollen im Home Office arbeiten. Rund 50 Prozent aller Arbeitsprozesse sollen automatisiert werden, auch im Home Office.

Vorhandene Belegschaften sollen durch zeitweise Neuzuweisung von Arbeitskräften für spezielle Aufgaben zu 30 Prozent „ausgewechselt" werden. Das schließt die Abschaffung des gegenwärtigen Entlohnungssystems und die Einführung eines „universellen Grundeinkommens" ein.

---

309 Klaus Schwab, Thierry Malleret, COVID-19: Der Große Umbruch, Genf 2020

310 https://norberthaering.de/die-regenten-der-welt/grosser-neustart/

311 zu dt. „Der künftige Umbau der Arbeitswelt –Zerstörung und Erneuerung in einer Welt nach COVID-19"

312 http://www3.weforum.org/docs/WEF_NES_Resetting_FOW_Agenda_2020.pdf

313 Peter König, Ein schreckenerregender Plan für die Zukunft. www.nrhz.de/flyer/beitrag.php?id=27197

Ein vorübergehender Personalabbau soll 28 Prozent der Bevölkerung betreffen. Das würde die Zahl der Arbeitslosen dramatisch erhöhen. Die meisten Arbeitslosen fänden nie wieder einen Vollzeitjob. Durch dauerhaften Personalabbau soll die Gesamtzahl der Arbeitskräfte um rund 13 Prozent reduziert werden. Nur vier Prozent der bestehenden Arbeitsplätze sollen unverändert bleiben.
*„Eine ganze Generation weltweit wird durch wirtschaftliche und häufig soziale Unsicherheit bestimmt sein. ... Derzeit betritt eine andere Generation ... ein System, das als fehlerhaft angesehen und von langjährigen Problemen heimgesucht wird, die durch die Pandemie aufgedeckt und verschärft werden."*[314] *„Die Pandemie konfrontiert die Wirtschaft mit einer Arbeitsmarktkrise von gigantischem Ausmaß."*[315]

### 6.5.1 Digitalisierung fördert Arbeitslosigkeit und Armut

*„Sie* (die Spitzentechnologie- Big Tech) *ging aus dieser Zeit des radikalen Wandels* (in Form der Pandemie) *als größter Nutznießer hervor."*[316] Digitale Technologien sind *„Automatisierungstechnologien"*, die sich *„besonders gut für eine Welt* (eignen), *in der sich Menschen nicht zu nahe kommen dürfen."* Digitale Automatisierungen vergrößern Arbeitslosigkeit und Armut, während sie das eingesetzte Kapital vermehren. Das wird jedoch als alternativlos dargestellt, um Gesundheit und Leben vor einem Virus zu schützen, das für die Erwerbsbevölkerung wenig gefährlich ist (vgl. 4.4).
Regierende und Medien erzeugen mit ihren Schockstrategien übertriebene Ängste vor Ansteckungen. Das trägt Nutzen. *„Unsere unterschwellige und möglicherweise anhaltende Furcht davor, mit einem Virus (Covid-19 oder einem anderen) infiziert zu werden, wird somit den unerbittlichen Vormarsch der Automatisierung beschleunigen."*[317]
Zu den Bereichen, die am ehesten automatisierbar sind, zählt Schwab Restaurants, Einzelhandel und die Unterhaltungsbranche. 60 bis 86 Prozent der Arbeitsplätze könnten in den nächsten 15 Jahren (weg)*"automatisiert"* werden. *„Diese drei Bereiche gehören zu den am stärksten von der Pandemie betroffenen Industriezweigen, in denen die Automatisierung aus Gründen der Hygiene und Sauberkeit eine Notwendigkeit sein wird."*[318]

### 6.5.2 Furcht vor Revolution soll Umdenken fördern

*„Die sozialen und wirtschaftlichen Ungleichgewichte werden weiter zunehmen, die Ungerechtigkeiten und die Umweltzerstörung werden wachsen. Wenn wir dagegen nichts unternehmen, werden die Veränderungen irgendwann auf an-*

314 Schwab u. a., S. 117
315 ebd. S. 57
316 ebd. S. 242
317 ebd. S. 182
318 ebd. S. 184

*derem Wege kommen, durch gewalttätige Konflikte oder Revolutionen etwa. Das lehrt uns die Geschichte,"* erklärt Schwab (vgl. Fußnote 323). Die Furcht vor einer grundlegenden Veränderung der Eigentums- und Besitzverhältnisse lassen Schwab und das WWF zum Umdenken aufrufen.
*„Der grundlegende Zweck von Unternehmen* (kann) *nicht mehr einfach nur zügelloses Streben nach Gewinnmaximierung sein. Sie sind jetzt aufgerufen, allen ihren Stakeholdern zu dienen, nicht mehr nur ihren Aktionären"* (ebd. 219). Schwab sieht die *„durch Covid-19 verursachte weltweite Krise"* (ebd. 65) als *„Chance."* Sie *„stellt ein seltenes, aber enges Zeitfenster zum Umdenken, Neuerfinden und Neustarten unserer Welt dar"* (ebd. 292). Es geht darum, *„die Volkswirtschaften auf einen neuen Weg in eine gerechtere und grünere Zukunft zu führen"* (ebd. 65), *„hin zu einem Wirtschaftssystem ..., das unserem kollektiven Wohlergehen Vorrang vor bloßem BIP-Wachstum einräumt"* (ebd. 300). Der Kapitalismus soll zu einem verantwortungsvollen Kapitalismus werden. *„Es gibt keinen Grundsatzkonflikt zwischen wirtschaftlichen, sozialen und ökologischen Faktoren, wenn wir diesen ganzheitlicheren und längerfristigen Ansatz zur Definition des Fortschritts und zur Schaffung von Anreizen für Investitionen in grüne und soziale Grenzmärkte wählen."*[319]

### 6.5.3 Umverteilung wird versprochen

*„Covid-19 hat ... die bestehenden Bedingungen der Ungleichheit* (in puncto Einkommen, Wohlstand und Chancen) *verschärft"* (ebd. 90). *„Die vorübergehend unterdrückten sozialen Unruhen* (werden) *nach der Aufhebung des Versammlungs- und Demonstrationsverbots* (wahrscheinlich) ... *erneut aufflammen, möglicherweise mit erneuerter Stärke. Nach der Pandemie wird sich die Zahl jener dramatisch erhöhen, die nun zu den Arbeitslosen, Besorgten, Unglücklichen, Empörten, Kranken und Hungrigen gehören"* (ebd. 97). Die Gefahren, die dem Kapitalismus drohen, erfordern eine Umverteilung des Reichtums. Es werde *„in der Ära nach der Pandemie zu einer massiven Umverteilung des Reichtums kommen, von den Reichen zu den Armen und vom Kapital zur Arbeit."* [320] Umverteilung galt noch vor kurzem als Sozialismus.
Schwab denkt jedoch nicht an die Erhöhung der Sätze der Einkommensteuer, auch nicht an die Erhöhung von Gewinnsteuern. Er hält den Verzicht auf Kapitalgewinnsteuern für eine richtige Bevorzugung unternehmerischen Handelns, kann sich aber mit einer Vermögenssteuer anfreunden. Das soll die Kluft zwischen arm und reich mindern (vgl. Fußnote 323). Es kreißt der Berg und gebiert eine Maus.
Seit 2017 tritt das WWF für ein universelles Grundeinkommen ein, als Alternative zu sozialen Unruhen, Konflikten und nicht beherrschbarer Massenimmigration.[321]

---

319 Schwab u.a., S. 73
320 ebd. S. 89
321 https://norberthaering.de/die-regenten-der-welt/grundeinkommen-weltwirtschaftsforums/

Es soll bedingungslos sein.[322] Auch WWF-Mitglied Mark Zuckerberg (Facebook) tritt seit 2017 für ein bedingungslosen Grundeinkommen für jeden ein. Er hält das ebenso wie Schwab für die notwendige Antwort auf die Digitalisierung der Wirtschaft, die viele Arbeitsplätze überflüssig macht. Tesla-Chef Elon Musk ist derselben Meinung.[323] In Deutschland schloss sich Telekom-Chef Höttges an. Die Billionen, mit denen Regierungen zur Zeit Löhne subventionieren, Arbeitslose über Wasser halten, kleine und mittlere Unternehmen vor dem Ruin bewahren und sogar große Konzerne sponsern, sind mit neoliberalen Schuldenbremsen nicht mehr vereinbar. Schwab begrüßt das. Jetzt *„wird Covid-19 wahrscheinlich den Tod des Neoliberalismus einläuten,"* stellt er fest (ebd. 89). Covid-19 sorgt *„wahrscheinlich"* dafür, dass *„Solidarität"* über Wettbewerb gestellt wird, *„staatliche Intervention"* über Zerstörung und *„Soziales Wohlergehen"* über Wirtschaftswachstum. Schwab klammert aus, dass die Rückzahlung der Schulden mit massiven Kürzungen in allen staatlichen Bereichen einhergehen wird. Für den „verantwortungsvollen Kapitalismus" à la WWF gilt: *„Wir dürfen nicht nur das Finanzkapital berücksichtigen, sondern auch das Sozialkapital, das Naturkapital und das menschliche Kapital. Unternehmen, die heute erfolgreich sein wollen, müssen alle diese Komponenten in ihre Strategie einbeziehen."*[324] Soziales, die Natur und die Menschen selbst finden nur als Kapital Berücksichtigung. Verliert das Kapital plötzlich seine unangenehme Eigenschaft, die eigene Vermehrung über alles zu stellen und Raubbau an Mensch und Natur zu betreiben?

### 6.5.4 Ausbau der Überwachung

Wie wenig Schwab seinen warmen Worten traut, zeigt seine unverhohlene Ablehnung von Datenschutz und seine Zustimmung zur digitalen Massenüberwachung mit Tracing-Apps. *„Wir werden sehen, dass das ‚Contact Tracing' (die Ermittlung von Kontaktpersonen) ... eine zentrale Rolle im zur Bekämpfung von Covid-19 erforderlichen Instrumentarium spielt, während es gleichzeitig vorbestimmt zu sein scheint, ein Wegbereiter für Massenüberwachung zu werden."*[325]

Sind die weltweit 5,2 Milliarden Smartphones mit Tracing-Apps ausgestattet, kann überwacht werden, ob Infizierte die Quarantäne einhalten, mit wem sie in der Vergangenheit Kontakte hatten, ob Ausgangssperren eingehalten und Schließungen von Läden und Einrichtungen umgangen werden, ob sich zu viele Personen in Wohnungen oder öffentlichen Räumen aufhalten usw. Mit einer Tracing-App können die Standorte aller Personen sowie ihre Kontakte in Echtzeit überwacht werden. Unternehmen verstärken die digitale Überwachung ihrer Beschäftigten,

---

322 Rainer Roth, Zur Kritik des bedingungslosen Grundeinkommens, Frankfurt 2006

323 www.businessinsider.de/wirtschaft/zuckerberg-spricht-sich-fuer-bedingungsloses-grundeinkommen-aus-2017-5/

324 www.zeit.de/wirtschaft/2020-09/corona-kapitalismus-rezession-wef-neoliberalismus-klaus-schwab 21.09.2020

325 Schwab u. a., S. 178 f.

um Infektionen und Schließungen von Abteilungen oder ganzen Betrieben zu vermeiden (ebd. 194 f.). Schwab beruhigt jedoch, dass angeblich jeder Einzelne die Vorteile der Technologie kontrollieren könne (ebd. 202). Wichtige Mitglieder und Kooperationspartner des WWF wie Microsoft, Rockefeller Stiftung, Accenture (der weltgrößte IT-Beratungskonzern) und die Impfallianz Gavi 2017 streben mit einer Initiative namens ID2020 an, jeden Erdenbürger biometrisch eindeutig mit einer digitalen Datenbank zu verknüpfen, die alle Daten über diese Person, die nach Ansicht der Digitalkonzerne und Sicherheitsbehörden relevant sind, leicht und verlässlich abrufbar und nutzbar macht.[326] Nikolas Busse erklärt die Lockdowns für eine *„mittelalterliche Methode"*. *„Asien kann es besser"*, weil man dort *„stark auf digitale Technik, sei es durch GPS-Ortung, Handy-Apps, Kameras oder Bankdaten* (setzt)*, um Quarantänen durchzusetzen und Kontakte nachzuverfolgen"* (FAZ 9.3.2021).

### 6.5.5 Covid-19-Krise und Weltwirtschaftskrise

Schwab sieht eine *„durch Covid-19 verursachte weltweite tiefe Krise."* (ebd. 64) Dass schon vor der Pandemie eine Weltwirtschaftskrise begonnen hat, wird ignoriert. Nicht die nach der Krise 2007-09 aufgebauten Überkapazitäten und Kapitalüberschüsse sollen es sein, die zu einer Rezession führten, nicht die zyklische Natur der kapitalistischen Entwicklung, sondern ein Virus. Die Lockdown-Maßnahmen verschärfen die Wirtschaftskrise in einem ungeheueren Ausmaß, so dass sie überwiegend politische Ursachen zu haben scheint. Nur der Krieg gegen ein feindliches Virus kann die tausenden Milliarden Staatsausgaben rechtfertigen, mit denen die Wirtschaftskrise weltweit abgefedert wird. Wer die Zeche zahlt, ist bekannt. Die Beschwörung eines Kampfs auf Leben und Tod mit scharfen Lockdown-Maßnahmen macht den Weg frei für den Durchbruch der digitalen, kontaktlosen Wirtschaft. Der Ruin von Unternehmen, die entstehende Massenarbeitslosigkeit, die Explosion der Schulden und die Konzentration des Kapitals treffen bei denen auf Zustimmung, die das als Opfer im Interesse des Lebensschutzes sehen. Das „Soziale Wohlergehen" wird in Zukunft eine geringere Rolle spielen. Es ist *„in den kommenden Jahren sehr wahrscheinlich, dass die Dynamik für die Ärmsten und schwächsten Länder der Welt nur in eine Richtung gehen wird: vom Regen in die Traufe"* (ebd. 147 f.). Die ökonomische und politische Abhängigkeit von etwa 2 Milliarden Menschen dieser Länder von den führenden kapitalistischen Staaten nimmt zu. Auch das wird als „pandemiebedingt" beschönigt, als Naturkatastrophe. Auch zwischen den wohlhabenderen Staaten (z. B. in der EU) zählt mehr und mehr der eigene Vorteil, nicht die Solidarität mit den schwächeren. Der Wirtschaftskrieg zwischen USA und China zeigt den Vormarsch des Nationalismus.

---

326 https://norberthaering.de/buchtipps/great-reset-dgutenbergs-welt; www.nrhz.de/flyer/beitrag.php?id=27181

Die verordnete Panikmache hat massiv dazu beigetragen, dass die Organisationen und Parteien, die angeben, Interessen von Lohnabhängigen vertreten, Frieden mit den Lockdown-Regierungen geschlossen haben. Viele verklären ebenso wie Schwab die Pandemie als Chance für eine gerechtere Welt. Die umfassenden Pläne des WWF und seine Konzerne zu einer großen Transformation werden kaum thematisiert. Auch die Bundesregierung erwähnt nicht den Zusammenhang ihrer Lockdown-Politik und Panikmache mit den globalen Plänen des WWF.[327]

Doch in dem Maße, wie die Folgen des großen Neustarts eintreten, wird der Widerspruch zu den Interessen des Kapitals zunehmen. Die Nebelwand, die mit der Panikmache vor SARS-CoV-2 täglich neu erzeugt wird, wird sich lichten.[328]

327 https://multipolar-magazin.de/artikel/moral-statt-demokratie

328 https://www.nachdenkseiten.de/?p=67362

# 7 Querdenken und ZeroCovid – zwei Seiten einer Medaille?

## 7.1 „Querdenker" – generell „Corona-Leugner"? Spitze der Lockdown-Kritik?

In *„Lockdown – nicht nochmal!"* haben wir dargelegt, wie von Anfang an generell Protestierende gegen die Lockdown-Politik im Konzert von Mainstream-Medien, Regierung sowie sich links verortenden Gruppen als „Corona-Leugner" diffamiert und in die „rechte Ecke" gestellt wurden. So wurde ein Damm der Ächtung um aufkommende Empörung und eine bunt wachsende Protest-Bewegung gezogen.[329] Nur wenige offizielle oder linke Berichte widersprachen der Schwarz-Weiß-Berichterstattung wie z. B. der von Gaby Weber.[330]
Taktisch stürzte man sich auf besonders schillernde, esoterische und anderweitig metaphysische Thesen und „Theorien" wie über den Einfluss von Aliens oder Chemtrails, die über kleinste Kreise hinaus nirgendwo ernsthaft diskutiert werden. Für die bedarf es keiner besonderen Anstrengungen, den fehlenden Realitätsgehalt herauszustellen. Der Unsinn leuchtet jedem gesunden Menschenverstand ein. Er wurde als typisch für die Kritik an den Regierungsmaßnahmen verallgemeinert und breit getreten. Die dabei gebetsmühlenartig wiederholte Prophezeiung, der Einfluss rechter Gruppierungen auf die Protest-Bewegung könnte größer werden, erfüllte sich durch das Ausbleiben einer materialistisch-linken Gegenkraft nach und nach selbst. Schließlich gibt es ja das Interesse auf dem rechten Sektor, an Bewegungen anzudocken und sie zu instrumentalisie ren. Im Frühjahr, aber auch im Sommer nach dem sehr ominösen[331] „Sturm auf die Reichstagstreppe" durch so genannte Reichsbürger und sogar noch nach der Leipziger Groß-Demo, in die – wie auf Videos dokumentiert - eine rechte Horde eingedrungen war, räumte der Verfassungsschutz ein, dass extrem Rechte keinen entscheidenden Einfluss auf die „Querdenken"-Bewegung hätten.[332]
In dem Maße, wie die „Linke" dabei versagte, die Lockdown-Politik als gegen die Interessen der abhängig Beschäftigten, ja, auch kleiner und mittlerer Unternehmen gerichtet zu kritisieren, verstärkte sich faktisch ein Mangel an nötiger und legitimer Kritik. Neben der AfD konnten nun auch extrem rechte Organisationen Einfluss gewinnen.[333] Sie brauchten dazu nicht einmal Lügen produzieren, es genügte das Aufgreifen von Tatsachen. Tatsachen, die auch durch den Mund von Rechten und Faschisten nicht falsch werden, wenn auch die Motivation hier eine heuchlerische, ja demagogische bleibt. Die von Anfang an

---

329 Frankl/Roth/Weißert, Frankfurt 2020, S. 93 ff.
330 www.youtube.com/watch?v=4KetjwqkkwA; zur Autorin vgl. https://de.wikipedia.org/wiki/Gaby_Weber
331 Vgl. „Haben staatlich bezahlte V-Leute den ‚Sturm' gesteuert?", www.kritische-polizisten.de/2020/08/
332 www.faz.net/aktuell/politik/inland/corona-demo-nur-einzelne-rechtsextreme-16894746.html
333 Vgl. Wolf Wetzel: Wenn die Herrschenden den Stier an den Hörnern packen und die Linke nicht einmal den Stier sieht, www.nachdenkseiten.de/?p=67362, 26.11.2020

kleinbürgerliche und alles andere als sich antikapitalistisch darstellende Führung der „Querdenken"-Organisatoren hatte sich zwar früh und immer mal wieder verbal von diesen Gruppen distanziert, es aber nicht über sich gebracht, diesen Worten auch konsequent Taten folgen zu lassen. Im Gegenteil: Bodo Schiffmann beschwor seine „Querdenken"-Freunde in einem Video mit Blick auf Figuren wie Attila Hildmann und die Reichsdeutschen ausdrücklich: *„Wir lassen uns nicht spalten!"*[334] Wie Querdenken-Veranstaltungen so zum Vorfeld faschistoider Organisationen wurden, zeigte beispielhaft eine „Querdenken-Kundgebung" in Aschaffenburg. Dort trat am 27.09.2020 nach der noch recht medizinisch-sachlich klingenden Rede von Bodo Schiffmann ein „Olaf" ans Mikrofon. Er kündigte an, jetzt nicht über *irgendwelche* Maßnahmen zu sprechen, sondern über das *„Große Ganze"*. Nach etlichen billigen Luft-Blasen über *„die Verbrecher in Berlin"*, Ausfällen gegen ihre angeblich „sozialistischen" Machenschaften sowie einer Hetztirade gegen Greta Thunberg und die Klimabewegung gipfelte sein Redebeitrag in der Forderung nach einem *„Friedensvertrag für Deutschland"* – wie wir sie aus der Reichsbürger-Szene kennen – und dem Versprechen, dass dieser das *„Parlament auseinanderjagen"* würde. Bei welchem geschichtsbewussten Menschen leuchten da nicht alle Warnlampen auf? - Das Publikum klatschte Beifall. Die Lokalpresse lässt sonst kaum eine Gelegenheit aus, Mainstream-Politik in Sachen Pandemie- und Lockdown-Politik nachzubeten und spielt in dem „Panikorchester", das der Medienwissenschaftler Stephan Ruß-Mohl beschrieb[335], gerne mit. Aber in ihrem Bericht fehlte der Auftritt des Reichsbürgers gänzlich. Vielmehr wurde die Friedfertigkeit der Veranstaltung hervorgehoben, was ein gewisses *framing* erzeugte (als gäbe es Gründe, das eben besonders zu betonen).[336] Schon damals war bekannt, dass „Querdenken"-Köpfe wie Ballweg und Schiffmann, wie oben erwähnt, keinen Keil zwischen sich, abstrusen Spinnern, Esoterikern, Reichsbürgern etc. zulassen wollten.

### 7.1.1 Treffen mit Reichsdeutschen

Im November 2020 war bekannt geworden, dass Michael Ballweg sich mit Peter Fitzek, dem „König von Deutschland" in einer ausschließlich von Reichsbürgern genutzten thüringischen Gaststätte getroffen hatte. Professor Christian Kreiß, der bei mehreren „Querdenken"-Kundgebungen als Redner aufgetreten war, schrieb dazu: *„Von Seiten Querdenken hieß es mir gegenüber immer, man habe nichts mit Reichsbürgern oder ähnlichen Gruppierungen zu tun. Die Menschen, die ich auf Querdenken-Veranstaltungen getroffen habe, waren alle immer dieser Ansicht. Aber offenbar liefen im Hintergrund andere Bestrebungen, die nicht*

---

334 www.youtube.com/watch?v=_8rYrAaXk74, ab ca. 1'50''

335 www.sueddeutsche.de/medien/russ-mohl-gastbeitrag-corona-panikorchester-1.5075025

336 www.main-echo.de/regional/stadt-kreis-aschaffenburg/aschaffenburg-friedliche-querdenken-protestaktion-auf-volksfestplatz-und-in-innenstadt-art-7123974, 27.09.2020

*kommuniziert wurden, jedenfalls nicht mir und auch nicht all den anderen, mit denen ich in Kontakt stehe. Wir sind alle aus den Wolken gefallen.“*[337] Das Treffen hätte demnach geheim bleiben sollen.

Auch der in Querdenken-Reden oft gezogene Vergleich der Hetze gegen die Proteste mit der Verfolgung der europäischen Juden, das demonstrative Tragen von Judensternen, die Inszenierung von Kindern und Jugendlichen als Anne Frank oder Sophie Scholl führte dazu, dass die Vorwürfe der Holocaust-Verharmlosung eine reelle Grundlage bekamen. Seit dieser Zeit richtet auch die Verfassungsschutz-Behörde ihr Fadenkreuz mehr und mehr auf die Querdenken-Bewegung und berichtet von größerer Einflussnahme von rechts und „zunehmender Radikalisierung“. So wird jedenfalls gemeldet.[338]

So dramatisch wie klar es ist, dass man derzeit nicht auf eine breite Protestbewegung unter fortschrittlicher Führung gegen die Lockdown-Politik hoffen kann, so klar muss auch sein, dass die „Querdenken“-Organisatoren mit ihren Beißhemmungen gegen und Affinitäten zu extrem rechten Gruppen schon gar nicht eine fortschrittliche Bewegung gegen das umstrittene Pandemie-Regime anführen können. Auch wenn sie Zigtausende ehrlicher und vernünftiger Menschen dafür mobilisieren konnten. Gegen die Kapital-Interessen, die die Lockdown-Politik bedient, haben sie sich von Beginn an nicht gestellt. Schiffmanns Analyse, *„Was wir erleben, ist eine neue Form des Nationalsozialismus“* (s. Fußnote 333), trifft unseres Erachtens trotz manch faschistoider Entwicklung im Repressionsapparat nicht die wirklichen Verhältnisse und klingt heuchlerisch.

### 7.1.2 „Mega-Lockdown“ trifft „ZeroCovid“

Absolut ins Abseits geschossen hat sich „Querdenken“ mit dem Aufruf zu einem „Mega-Lockdown“.[339] Ihr Kopf Ballweg räumte ein: *„Wenn man sich aber einmal in die Position des Gegenübers versetzt – wie müsste denn ein Lockdown aufgebaut sein, damit er funktioniert, dann müssten natürlich die Fabriken geschlossen werden, ...“*[340] Während sonst alles Mögliche aus Querdenkerkreisen in den Medien kommentiert wurde, blieb dieser Aufruf weitgehend unberücksichtigt. Denn damit dürfte klar sein: Wer zu einem Mega-Lockdown aufruft, kann seinen Ausgangspunkt, die Existenz eines Virus, nicht gleichzeitig leugnen oder geleugnet haben. Das war auch nie der Fall. Es dürfte mit diesem Aufruf auch klar sein, dass sich „Querdenken“ als Bewegung gegen die Lockdown-Politik disqualifiziert hat. Die Dezember-Positionen von „Querdenken“ zur Lockdown-Politik haben sich mit der im Januar gestarteten Initiative „ZeroCovid“ letztlich getroffen – gewollt oder ungewollt, willkommen oder unwillkommen.

---

337 www.heise.de/tp/features/Meine-Erfahrungen-mit-Querdenken-4964911.html

338 www.swr.de/swraktuell/baden-wuerttemberg/verfassungsschutz-baden-wuerttemberg-beobachtet-querdenken-bewegung-100.html

339 https://querdenken-761.de/wir-fordern-den-mega-lockdown

340 vgl. auch: https://kenfm.de/michael-ballweg-der-querdenken-megalockdown/

## 7.2 Die „Linke" – radikale Opposition und konsequente Kämpferin gegen das Sterben?

Die parlamentarische Linke hatte ja den Lockdown-Maßnahmen zugestimmt. Die außerparlamentarische Linke - *„über alle Differenzen hinweg eint sie das Schweigen, die Abwesenheit in diesen Corona-Zeiten"*[341] – blieb entweder zu Hause oder stellte sich an den Rand von „Querdenken"-Demos und lieferte Journalisten und Parteipolitikern die hetzerischen Schimpf- und Stichworte, die die Medien dieses Mal gerne aufgriffen und weiter verbreiteten. Der Einfachheit halber bezeichnen wir im Folgenden die parlamentarische Linke sowie die außerparlamentarische Gruppen, die sich selbst links einordnen und den Lockdown verteidigen bzw. verschärfen wollen, als „Linke" (in Anführungszeichen).
Der Kapitalismus muss kritisiert werden und das Virus ist weltweit real. Aber muss sich die „Linke" bei der Darstellung seiner Wirkung deshalb auf die reißerischsten *worst-case* Szenarien stützen? Die Aussagen von Drosten und Wieler werden nicht in Frage gestellt und international wird oft die Stellungnahme des *Imperial College*, Oxford, mit weltweit horrenden Todeszahlen zitiert. Die „Linke" glaubt und befeuert das Schock-Narrativ vom „Killervirus". Im Kampf dagegen steht sie deswegen an der Seite der kapitalistischen Exekutive, die den „Krieg gegen das Virus" anführt. Das große WIR, das nun an einem Strang ziehen soll, bringt quasi eine Volksgemeinschaft hervor, die zusammenhalt en muss, um die Gefahr abzuwenden. Kritik an der Regierung wird nur geleistet, wenn deren Handeln der „Linken" zu wenig konsequent erscheint. Sie ist zutiefst davon überzeugt, dass sie die Speerspitze des Gesundheitsschutzes sein muss. Ihr Lieblingswort ist Solidarität – wohlgemerkt über alle Klassen hinweg.[342]
Sie stellt sich weiterhin hinter die Aufrechterhaltung der ausgerufenen *„epidemischen Lage nationaler Tragweite"*, obwohl die sachlichen Voraussetzungen dafür zumindest von Mai bis Oktober – wissenschaftlich betrachtet – fehlten, d. h. gerade in den Monaten, in denen die Testaktivitäten und damit die Fallzahlen hochgetrieben wurden. In den Sentinelproben der AG Influenza beim RKI, die auch SARS-CoV-2 berücksichtigen, spielte zu dieser Zeit Covid-19 keine Rolle mehr.

### 7.2.1 Gemeinsame Diffamierungen von „links" und „oben"

Mehr als nur hetzerische Schimpf- und Stichworte lieferte dann die Konstruktion der Vorsitzenden der Amadeu Antonio Stiftung Anetta Kahane[343], jegliche Verschwörungstheorie sei im Kern antisemitisch, auch dann, wenn sie sich mit ganz

341 Wolf Wetzel, www.heise.de/tp/features/Die-Linke-gegen-den-falschen-Protest-4725749.html
342 www.heise.de/tp/features/Solidaritaet-statt-Verschwoerungstheorien-5020525.html?seite=all
343 www.deutschlandfunk.de/antisemitismus-warnung-vor-judenhass-bei-den-corona.1766.de.html?dram:article_id=488068

anderen Themen beschäftige. Somit wäre „natürlich" Kritik am Lockdown sogleich „antisemitisch". Antisemitismus zu bekämpfen sei somit „auch Teil des Gesundheitsschutzes heutzutage".

Annette Groth, exMdB (DIE LINKE), führte in einem Interview mit dem Blog „Promosaik" aus: *„Der Vorwurf des Antisemitismus ist in Deutschland das beste Instrument, Kritiker, Störenfriede oder Leute, die man nicht mag, zu stigmatisieren und sie zum Schweigen zu bringen. Das Denunziationssystem arbeitet erschreckend effizient und nachhaltig und ich begreife nicht, dass es immer noch Intellektuelle gibt, die dieses unwürdige Spiel nicht durchschauen und darauf reinfallen."*[344] Mit Annette Groth sind wir der Meinung, Aussagen wie die von Kahane (z. B. in Sendungen wie Terra-X dem Massenpublikum nahegebracht) oder auch des Bundesbeauftragten Felix Klein[345] *„sind eher dazu angetan, Antisemitismus zu befördern"* und leisten einen Bärendienst am Engagement derjeniger, die seit Jahrzehnten gegen tatsächliche Erscheinungen, Tendenzen und Wirkungen von Antisemitismus kämpfen.

Genau in dieses Horn stieß und stößt der größte Teil der gesellschaftlichen wie parlamentarischen Linken in der Auseinandersetzung um die Regierungsmaßnahmen gegen die von der WHO ausgerufenen Pandemie. Sie stimmen in den Chor der politischen Macht- und Medienvertreter ein, die jegliche Kritik an den Regierungsmaßnahmen in den Rahmen von „Corona-Leugnern", Verschwörungstheoretikern und damit Antisemiten, Holocaust-Leugnern (was ja die Wortverbindung „-Leugner" assoziieren soll) und Rechtsextremen stellten. Sie trieben diese noch voran.

Noch größer als die Angst vor dem Virus scheint die Angst davor zu sein, durch Anerkennung eines Lockdown-Kritikers als Gesprächspartner oder gar eines seiner Argumente, sei es noch so offensichtlich richtig, Wasser auf die Mühlen der Rechten zu lenken. Als wäre ein Vertuschen oder gar eine Verneinung der Wahrheit je ein gutes Mittel im Kampf um die Köpfe, im Kampf gegen Rechts gewesen.

### 7.2.2 Skandale nicht skandalisiert

Keiner der Skandale, die sich in der Pandemie-Politik der Herrschenden herausstellten, wurde von linker Seite aufgegriffen. Das beginnt schon mit dem skandalösen Strategiepapier des Innenministeriums vom 18. März 2020.[346] Es gibt wohl kaum eine sich links einordnende Person in Deutschland, die nicht der Kritik von Naomi Klein (2007) an der von ihr analysierten *Schockstrategie*[347] der

344 https://promosaik.blogspot.com/2020/12/annette-groth-krisenmanagement.html

345 www.juedische-allgemeine.de/politik/felix-klein-warnt-vor-judenfeindlichen-verschwoerungstheorien/

346 www.bmi.bund.de/SharedDocs/downloads/DE/veroeffentlichungen/2020/corona/szenarienpapier-covid19.html

347 Zusammenfassung von Paula Keller unter www.attac-netzwerk.de/fileadmin/user_upload/ Gruppen/ Heilbronn/Sonstiges/Sonstige_Bilder_und_Dateien/Schockstrategie_final.pdf

Herrschenden zugestimmt hat. Dass nun das BMI, will heißen die Bundesregierung, freimütig in ihrem Strategiepapier *„Wie wir COVID-19 unter Kontrolle bekommen"* schrieb, die Bevölkerung sei mit worst-case-Szenarien und entsprechenden Bildern und Narrativen in einen Schockzustand zu versetzen (vgl. 1), hat weder den größten Teil der außerparlamentarischen und schon gar nicht die parlamentarische Linke bewegt. Im Gegenteil. Die ersten Reflexe z. B. auf der Attac-Diskussionsliste, nachdem das Papier Anfang April geleakt worden war[348], waren erhebliche Zweifel, ob es denn überhaupt echt sei. Wochen später hat das BMI es auf seine Webseite gesetzt.

Ob Skandale um Abschaltung von Lockdown-kritischen Webseiten, Mailinglisten und youtube-Kanälen, um die Versetzung eines Amtsarztes[349] oder eines kritischen BMI-Mitarbeiters[350], um die einseitige Berichterstattung in den Mainstream-Medien[351] – jeglicher linker Protest blieb wie im Falle des BMI-Strategiepapiers aus. Lieber bestärkte man die Bundesregierung durch Enthaltsamkeit bei der Organisation von Veranstaltungen und vorauseilenden Gehorsam beim Tragen von Masken mitten im Sommer im Freien – entgegen jeder Vernunft und wissenschaftlichen Erkenntnis.[352] Die Maske wurde zur linken Attitude, zum Zeichen einer (von der Regierung(!) geforderten) „Solidarität" gegen die „Feinde der Demokratie".[353] *„Die Maske ist links, und die Linke staatlicher als der Staat. Weh denen, die ... Liberalismus, Individualismus, Egoismus, pah, die Freiheit: bürgerlich!"* schrieb Thomas R. Seibert süffisant am 1.1.2021.[354]

Die eigentliche Gefahr für die bürgerliche Demokratie geht aber heute vom Staat selbst aus. Während der Krise wird der Staatsschutz nach vorne verlegt, werden die Überwachungssysteme ausgeweitet und der Notstand geübt. Polizei und Bundeswehr werden in bisher nicht gekanntem Ausmaß in zivile Prozesse eingebunden. Das Parlament wird marginalisiert und Exekutive und Bürokratie regieren nahezu unbeschränkt. Gleichzeitig bildet ein Großteil der Presse und der Wissenschaft mit der Regierung einen Block. Selbst üble Polizeiübergriffe und Verhaftungsaktionen bei Demonstrationen gegen die Regierungsmaßnahmen wurden von „Linken" hämisch beschmunzelt[355] und sogar begrüßt.[356]

---

348 https://fragdenstaat.de/blog/2020/04/01/strategiepapier-des-innenministeriums-corona-szenarien/

349 https://www.sueddeutsche.de/bayern/aichach-amtsarzt-puerner-kritik-versetzung-1.5104412

350 www.dw.com/de/mitarbeiter-des-innenministeriums-nennt-corona-laut-berichten-fehlalarm/a-53387561

351 www.sueddeutsche.de/medien/russ-mohl-gastbeitrag-corona-panikorchester-1.5075025

352 https://merkur.de/welt/coronavirus-lockdown-infektion-aerosole-experte-massnahmen-regierung-pandemie-90213539.html

353 www.freitag.de/autoren/elsa-koester/die-maske-ist-links; www.freitag.de/autoren/mopauly/die-maske-ist-totalitaer

354 www.neues-deutschland.de/artikel/1146457.coronavirus-wann-hoert-das-endlich-alles-auf.html

355 https://wolfwetzel.de/index.php/2020/05/02/budjonnys-unhygienische-reiterfarmee-beobachtungen-waehrend-der-letzten-hygiene-demos-vor-der-volksbuehne/

356 Vgl. www.freitag.de/autoren/der-freitag/die-krise-der-linken

### 7.2.3 ZeroCovid

Mit dem Aufruf „ZeroCovid" im Januar 2021 glaubt sich ein großer Teil der parlamentarischen wie außerparlamentarischen Linken von der rein reaktiven Rolle, „Corona-Leugner" zu markieren, auf eine oppositionelle Handlungsebene zurückgebracht zu haben. Diejenigen „Linken", die *„flatten the curve"* auf allen Medien unter Einsatz der Diffamierung des „Schwedischen Wegs" und von bis zur hate-speech heruntersinkenden Tiraden verteidigt hatten, schreiben nun ohne jegliche Selbstkritik, dass diese Strategie gescheitert sei. Späte Erkenntnis. Nur: sie fordern jetzt einen noch rigoroseren Lockdown nach dem „kommunistischen" Vorbild Chinas (vgl. „Mega-Lockdown"!) und idealisieren dessen Krisenbekämpfung. Um vom autoritär-staatsorientierten Charakter von mehr Zentralismus und einheitlichem Durchgreifen abzulenken, fantasiert man von solidarischen Maßnahmen von „unten". Dieses „unten" fühlt sich aber jetzt schon von der fortdauernden Shutdownpolitik heftig genervt und ist in seiner Breite kaum irgendwo organisiert. Deswegen kann ein noch radikalerer Lockdown nur von der staatlichen Autorität exekutiert werden. Die massive Einschränkung von Freiheitsrechten findet die „Linke" generell richtig. Die bürgerlichen Kräfte in unserem Land, die sich diesen Einschränkungen widersetzen, werden von ihr als neoliberal-egoistisch bezeichnet, die aufgrund ihres bürgerlichen Individualismus einer Einsicht in Notwendigkeiten nicht fähig seien. Ihr Freiheitsbegriff sei ohne Bindung und daher gesellschaftlich nicht tragbar. Sie seien Demokraten nur für sich und daher „Covidioten".

In einem Newsletter vom 9.2.2021 schreibt Winfried Wolf z. B.: *„Die Corona-Leugner behaupten: ‚Es gibt unterschiedliche Auffassungen zur Pandemie.' Das ist falsch. Epidemiologie ist eine Wissenschaft. Ein erheblicher Teil der Pandemie-Entwicklung folgt Mathematik und Naturgesetzen"*. Obwohl gerade Alex Demirovics Artikel zu ZeroCovid vom Januar[357] dazu geführt hat, dass Kritik am Lockdown nun möglich ist, ohne gleich diffamiert zu werden, macht Winfried Wolf in diesem Stil weiter und weist generell unterschiedlichen Auffassungen zur Pandemie das Etikett „Corona-Leugner" zu. Das allein zeigt schon, wie „wissenschaftlich-differenziert" hier vorgegangen wird.

### 7.2.4 Was heißt wissenschaftlich?

Die Leugung, dass wissenschaftliche Erkenntnisse aus einem Streit verschiedener Ansichten hervorgehen, macht nahezu sprachlos und zeigt ein totalitäres Wissenschaftsverständnis. Mathematiker erzeugen verschiedene Rechenmodelle.[358] Eine Wissenschaft ohne Widerspruch, ohne streitende Ansichten kann

357 Alex Demirovic, Professur f. Politikwissenschaften in Ffm., Vors. d. Wiss. Beirats der Rosa-Luxemburg-Stiftung www.zeitschrift-luxemburg.de/ueber-die-null-hinaus-denken/

358 „Falsch gedeutete Zahlen und Statistiken..." Prof. Gerd Antes https://cdn-storage.br.de/iLCpbHJGNL9zu6i6NL97bmWH_-4c/_-JS/_AvH_AkH9U1S/43d30bb9-87d5-4dce-a1e4-9e460fc87517_3.mp3

es nicht geben. Schon gar nicht für Marxisten, für die der Kapitalismus eine Klassengesellschaft mit widerstreitenden, ja unversöhnlichen Klasseninteressen ist. Die herrschende Wissenschaft ist immer die Wissenschaft der Herrschenden. Diejenigen, die Galilei den Verbrennungstod androhten, waren die Wissenschaftler des Heiligen Stuhls, der Kurie. Sie fühlten ihr System, die Autorität der Kirche und damit das ideologisch Band des Feudalismus, durch die neuen Erkenntnisse der Physik bedroht. Deswegen mussten sie zuschlagen im Namen ihrer Wissenschaft. Ist das heute prinzipiell anders? Der Lob des Zweifels ist für Marxisten Erkenntnismaxime, denn jedem Erkenntnisfortschritt liegt die Negation zugrunde. Die Abqualifizierung aller Kritik an den Regierungsmaßnahmen als Quacksalberei[359] ist eines der deutlichsten Zeichen für ideologische Verkommenheit von „Linken".

### 7.2.5 Nur ein „griffiger Titel"?

Alex Demirovic hebt hervor, dass viele soziale Forderungen, die in dem Aufruf erhoben werden, gut, richtig und notwendig sind. Dennoch begründet er in sieben Punkten, insbesondere in Bezug auf die Hauptforderung nach einem rigorosen Lockdown, warum er ihn nicht unterschreiben kann.[360] Auch Ulrike Eifler schrieb: *„Der Aufruf enthält einige richtige Forderungen, ... Ein Shutdown konsolidiert bestehende Spaltungen in der Klasse der abhängig Beschäftigten und verhindert gemeinsames Klassenhandeln. Er wirkt in der Konsequenz unsolidarisch, er verstärkt die autoritären Tendenzen des Staates und er macht die „Linke" nicht handlungsfähig."*[361] Wir folgen dieser Kritiklinie weitgehend, wie auch großteils den Thesen Wolf Wetzels vom Januar dieses Jahres:

- *„Es gibt keinen einzigen Grund für die Linke, der ‚Medizin', den ‚Virologen' jedes Wort von den Lippen abzulesen. Das gilt für die Radioaktivität von Atomkraftwerken (die jahrzehntelang für ungefährlich erklärt wurde), für die Schweinegrippe und eben auch beim Kampf gegen COVID-19.*
- *Wer eine andere Meinung als die der Bundesregierung denunziert, verächtlich macht und als ‚Covidioten' abstempelt, ist nicht schlau, sondern unterwürfig.*
- *Vieles an COVID-19 ist unbekannt, neu und ein Rätsel. Die gesellschaftlichen Umstände, die ökonomischen Herrschaftsverhältnisse und die politischen Mechanismen der Herrschaftssicherung sind hingegen ziemlich bekannt, wenig überraschend, also sehr konkret benennbar."*[362]

---

359 vgl. www.jungewelt.de/artikel/376713.coronakrise-klare-standpunkte.html

360 Wir weisen in diesem Zusammenhang auf die Online-Veranstaltungsreihe „Corona und „Linke" Kritik(un)fähigkeit" hin, organisiert von Anne Seeck, Peter Nowak, Gerhard Hanloser und Elisabeth Voß. Im Teil 7 diskutierten Alex Demirovic u. Christian Zeller. https://vimeo.com/507648484

361 U. Eifler, stellv. Vorsitzende des LV der Linken NRW und Vorstandsmitglied des Bundesverbandes, https://diefreiheitsliebe.de/politik/zero-covid-macht-uns-nicht-handlungsfaehig

362 https://wolfwetzel.de/index.php/2021/01/22/corona-die-krise-die-linke-ein-thesenpapier/

Auch seine Antworten auf die Frage *„Welche nicht-medizinischen Gründen geben den Ausschlag dafür, dass es so läuft wie es läuft?"* halten wir für passend:

*I. „Die Gesundheit ... hat weder vor Corona, noch mit Corona oberste Priorität. ...*
*II. Die so genannte Corona-Krise hat einen Verhüllungs- und keinen Erklärungscharakter. ...*
*III. Ausnahmezustände zeichnen sich nie durch den Anlass aus, sondern durch das, was man mithilfe des Anlasses alles durchsetzen kann...*
*IV. Die Ausgangssperre ist auch im Kopf der Linken ...*
*V. Was tun? (mit und ohne Maske)*
*Erstens: Mischen wir uns ein. Lassen wir uns nicht isolieren und ausspielen. ...*
*Drittens: Gehen wir zusammen für zwei Jahren auf Entzug und verzichten auf drei Schlagwerkzeuge: Verschwörungstheorie, Querfront, Antisemitismus.*
*Viertens: Ersetzen wir diese durch eine Theorie, eine Praxis, durch eine Form der Kollektivität, die nicht separiert, sondern fasziniert."*

Mit grenzenlosem Zynismus übergeht ZeroCovid Berichte und Warnungen wie die von Oxfam auf die katastrophalen Auswirkungen der Lockdown-Politik in den Staaten des globalen Südens[363], wie auch die psycho-sozialen Auswirkungen bei uns auf Kinder, Heimbewohner, Familien, ...[364] Karl Reitter, nach Wikipedia marxistischer Philosoph, kritisiert den Aufruf vernichtend:
*„#ZeroCovid agiert als linke Flankendeckung des autoritären Corona-Staates und hat das Image der Linken beträchtlich beschädigt: Naivität und Blauäugigkeit verbinden sich mit dem Ruf nach autoritären staatlichen Maßnahmen."* Er schreibt weiter: *„Wirkliches Aufsehen erregte diese Initiative durch den eigentlichen Kern der Forderungen: zero Covid. Die Null fasziniert. ... Hätte die Initiative ‚Senkt die Infektionszahlen massiv' gelautet, wäre sie kaum beachtet worden."*[365]

Und so räumen die Initiatoren auch ein, dass der Name nur ein „Marketing-Zeichen", die Null also nur die Richtung angebe.[366] Das greift Wolf Wetzel auch in seiner Kritik an Demirovic auf und relativiert „ZeroCovid" als einen „griffigen Titel", der Kern des Aufrufs sei doch ein anderer.[367] Hier können wir Wetzel nicht folgen. Was vom Aufruf bleibt, ist das, was wir schon als *„flatten the curve"* der Regierungs-Politiken kennen: Er geht über die Vernichtung vieler „kleiner" Existenzen hinweg, lehnt den gezielten Schutz vulnerabler Gruppen ab und schreckt nicht vor weiteren tödlichen „Kollateralschäden" zurück.

Einen Schutz des Lebens bzw. ein Verhindern von Sterben können wir darin ebenso wenig erkennen wie bei den Lockdown-Maßnahmen der Regierenden.

---

363 vgl. www.zdf.de/nachrichten/panorama/corona-pandemie-verschaerft-ungleichheit-oxfam-100.html

364 vgl www.dw.com/de/corona-wie-der-lockdown-kinder-krank-macht/a-56458359; www.welt.de/politik/deutsch land/article227278981/Kontaktverbot-im-Pflegeheim-Die-Menschen-verlieren-die-Lebensperspektive.html

365 www.heise.de/tp/features/ZeroCovid-und-der-autoritaere-Corona-Staat-5055823.html

366 vgl. www.facebook.com/thomas.seibert3/posts/4147736488592703

367 www.heise.de/tp/features/Zero-Covid-und-die-innere-Ausgangssperre-5044601.html

# 8 Anhang

## 8.1 Unsere Forderungen

Schluss mit der Schock-Strategie!

Keine Stilllegung des gesellschaftlichen und privaten Lebens in der Freizeit wegen Infektionshäufungen in Heimen, Schulen, Kitas und Betrieben!

Inzidenzwerte als Maßstab nur in Verbindung mit realen Kapazitäten der Gesundheitsämter, tatsächlicher Überlastung von Krankenhäusern und spürbar steigenden Todesfällen.

Eine repräsentative bundesweite Stichprobe, die die reale Verbreitung von Infektionen und Immunität feststellt.

Keine positiven PCR-Tests ohne Bekanntgabe der Infektiösität

Keine Quarantäne ohne Nachweis der Infektiösität

Keine Nachverfolgung von Kontaktpersonen nicht infektiöser positiv Getesteter

Keine Inzidenz- und R-Werte auf der Basis von nicht-infektiösen positiv Getesteten

Invasive künstliche Beatmung nur in notwendigen Fällen!

Erhebliche Ausweitung von Obduktionen zur Feststellung der hauptsächlichen Todesursache von „Corona-Toten“

Keine Impfung von Menschen, die schon immun sind, d. h. keine Impfung ohne vorherigen Test auf Antikörper bzw. T- Zellen (Gedächtniszellen)

Keine weiteren Krankenhausschließungen!

Schluss mit der Privatisierung öffentlicher Aufgaben. Öffentliche Daseinsvorsorge gehört in staatliche bzw. kommunale Hand, damit auch Pflegeheime und Krankenhäuser.

Volle Finanzierung fachgerechter Pflege sowie aller notwendigen Investitionskosten der Pflegeheime durch die Pflegeversicherung

Weg mit dem Fallpauschalensystem. Volle Übernahme aller notwendigen Kosten fachgerechter Behandlung durch die Krankenkassen.

Umwandlung der Kranken-, Pflege- und Rentenversicherung in eine Bürgerversicherung

Es wird versucht werden, die „Corona-Krise“ mit Lohnsenkungen, Arbeitslosigkeit und Kürzungen sozialer Leistungen zu „lösen“.

Deswegen bleiben unsere sozialen Forderungen in Bezug auf Mindestlohn, Mindestrente, Regelsätze und Arbeitszeitverkürzung aktuell (vgl. www.klartext-info.de) und sollten durch auskömmliche Einmalzahlungen für die Zeit des Lockdowns ergänzt werden.

Zur Finanzierung dieser Forderungen müssen Körperschaftssteuer und die Steuern auf Spitzeneinkommen drastisch erhöht sowie eine Vermögensteuer wieder eingeführt werden!

## 8.2 **Literaturverzeichnis** (nur Printmedien)


Arvay, Clemens G., Corona-Impfstoffe: Rettung oder Risiko?

Wirkungsweisen, Schutz und Nebenwirkungen der Hoffnungsträger

Frankl/Roth/Weißert, LOCKDOWN – Nicht nochmal! Frankfurt(M.) 2020

Hofbauer, Hannes/Kraft, Stefan (Hg.): Lockdown 2020. Wie ein Virus benutzt wird, die Gesellschaft zu verändern. Wien 2020

Hontschik, Bernd: Hippokrates for sale. Von der schleichenden Zerstörung des solidarischen Gesundheitswesens. Frankfurt(M.) 2014

Mausfeld, Rainer, Angst und Macht. Herrschaftstechniken der Angsterzeugung in kapitalistischen Demokratien. Frankfurt(M.) 2019

Reiss, Karina, Bhakdi, Sucharit: Corona-unmasked, Neue Zahlen, Daten, Hintergründe, Berlin & Wien 2021

Roth, Rainer: Zur Kritik des bedingungslosen Grundeinkommens. Frankfurt 2006

Rügemer, Werner, Imperium EU. ArbeitsUnrecht, Krise, neue Gegenwehr. Köln 2020

Schreyer, Paul: Chronik einer angekündigten Krise. Wie ein Virus die Welt verändern konnte. Frankfurt(M.) 2020

Schwab, Klaus, Malleret, Thierry: COVID-19: Der große Umbruch. Genf 2020


Wir erlauben uns, folgende Buchankündigungen weiterzuempfehlen:

Bauer, Rudolph: Vernunft in Quarantäne. Der Lockdown als Zivilisationsbruch und Politikversagen. Bergkamen 2021, Broschüre, 6,- Euro

Hofbauer, Hannes/Kraft, Stefan (Hg.): Herrschaft der Angst. Von der Bedrohung zum Ausnahmezustand. Wien 2021, ISBN 978-3-85371-488-1, br., ca. 256 Seiten, ca. 19,90 Euro

## 8.3 Tabellen- und Abbildungsverzeichnis



## 8.4 *Nachbemerkung*

Sollten uns bei unseren Ausführungen und Hinweisen Fehler unterlaufen sein, bitten wir um freundliche Kritik, z. B. an info@klartext-info.de. *„Klug ist nicht, der keine Fehler macht, sondern der sie schnell zu verbessern versteht“* (Lenin).